one minute beauty

コスメのプロが毎朝、実践する

1分メイク＆1分スキンケア

コスメコンシェルジュ®
小西さやか

青春出版社

仕事や家事で精いっぱい！
メイクもスキンケアも
「後回し」になりがち

お手入れに
時間がかかる。
本当は、ちょっとでも
寝ていたい

時間がない朝は、
メイクが雑になり、
夕方には**「崩れやすい」**

なかなか効かないので
化粧品での
**「エイジングケアは
あきらめた」**

時短メイクにしたら
最近**「疲れてるね」**と、
言われることが
多くなってしまった……

メイクも、スキンケアも、
「時間がとれないから」と、あきらめていませんか？

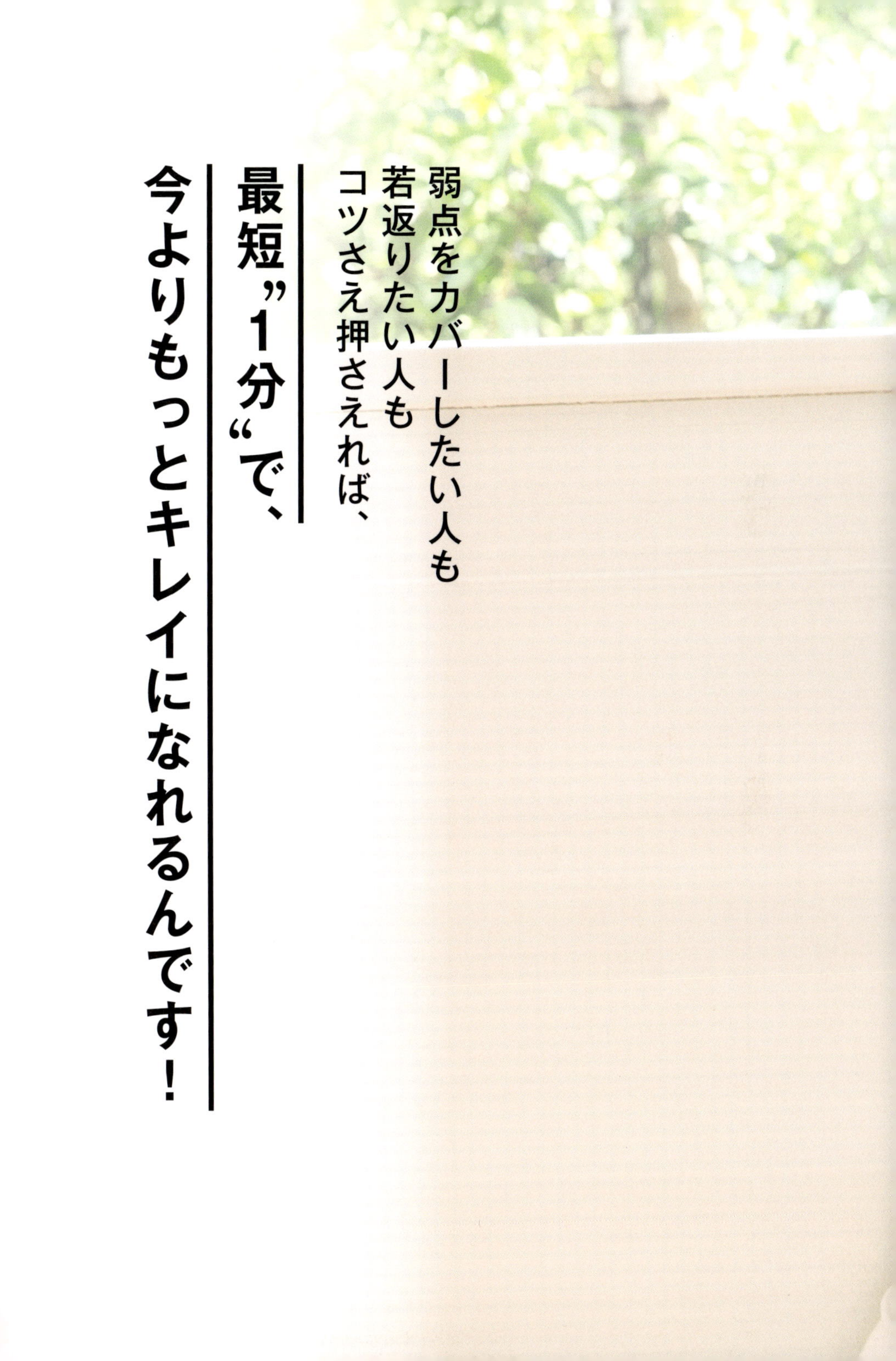

弱点をカバーしたい人も
若返りたい人も
コツさえ押さえれば、

最短"1分"で、

今よりもっとキレイになれるんです!

コスメのプロが毎朝、実践する
1分メイク＆1分スキンケア
contents

contents

コスメのプロが毎朝、実践する

1分メイク&1分スキンケア

contents

お悩み別1分スキンケア

contents

メイクもスキンケアも「1分」でいい！

Only one minute!

「メイクもスキンケアも、時間をかけないとキレイになれないのでは？」

そんなイメージを持つ方も多いかもしれません。私は化粧品の処方開発や商品開発を行い、これまでに10万種類以上の化粧品を試してきました。現在は、科学的根拠に基づいた化粧品の正しい知識を伝える「コスメコンシェルジュ」として活動しています。

私自身もそうなのですが、仕事や家事などに追われていると、どうしても自分にかける時間が少なくなってしまいがち。そんなときは、メイクやスキンケアに十分な時間をとることができません。

そこで「限られた時間の中で、最大の効果が出るメイクやスキンケアをしたい」と考え、これまでに得た化粧品や肌に関する知識をもとに考案したのが、本書でご紹介する「1分メイク＆1分スキンケア」です。

メイクにもスキンケアにも、過剰な時間は必要ありません。ポイントさえ押さえれば、たった1分のメイクで、これまでにないほどキレイな仕上がりを実現できますし、短時間のスキンケアで、肌にハリやうるおいをとり戻すことができます。

この本では、メイクとスキンケアに関して、1分でできる簡単なテクニックを紹介していきます。**難しいテクニックは全く必要ありません。**必要なのは、ちょっとしたコツをつかむこと。1分でキレイを手に入れ、もっと輝く自分になりましょう!

たった1分のメイクでここまで変わる！

最小の時間で最大の効果を得られるのが、1分メイクの特徴。たった1分ですが、メイク前とメイク後の差は歴然！　ここでは、その効果がよくわかるビフォア&アフターを紹介します。

小西さやか

Before

すっぴん顔
暗く、ボヤけた印象

全体的に暗く、疲れているように見える。眉尻がなく、顔にもメリハリがないので、のっぺりとした感じになっている。

透明感、血色感があり、
立体的な顔に！

顔色が明るくなり、肌の透明感もアップ。眉毛をしっかり描いたことで、顔全体のバランスが整い、立体感のある美人顔に変身。

すっぴんから、たった1分で**大変身**！

桜井杏里（仮名）さん（Age32）

厚塗りしていないのに
シミが消え、
目の下のクマも解消！

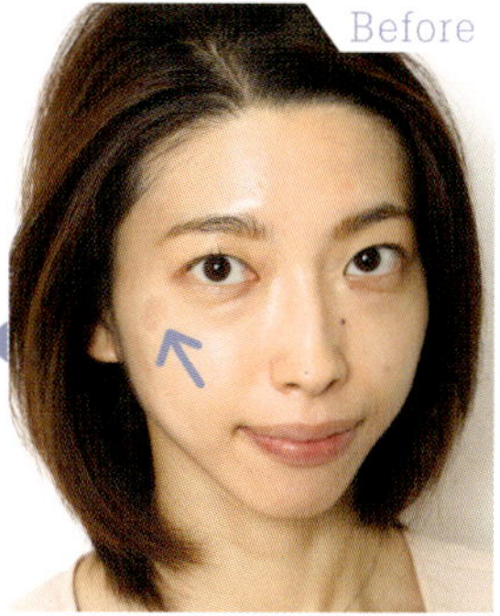

- ☑ 目尻の下にシミがある →26ページへ
- ☑ クマが目立つ →36ページへ

近藤沙樹さん（Age31）

ほうれい線が
目立たなくなり、
肌が明るくなった！

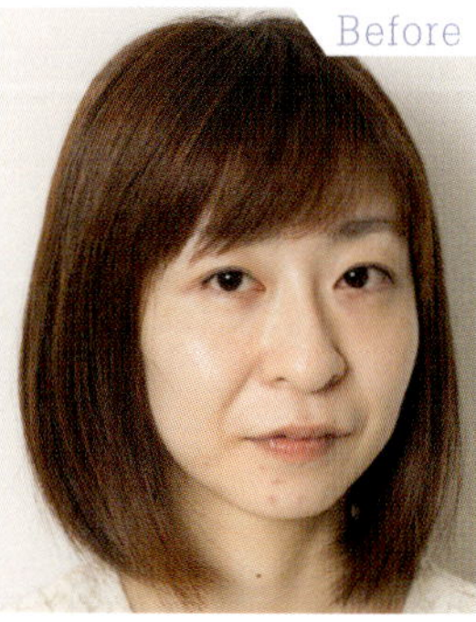

- ☑ ほうれい線が気になる →27ページへ
- ☑ 目元のくすみが目立つ →33ページへ

自己流メイクを1分メイクに変えて、**若返り**！

荒井志保さん（Age43）

濃いメイクをやめ、
自然な眉に仕上げることで
若返った！

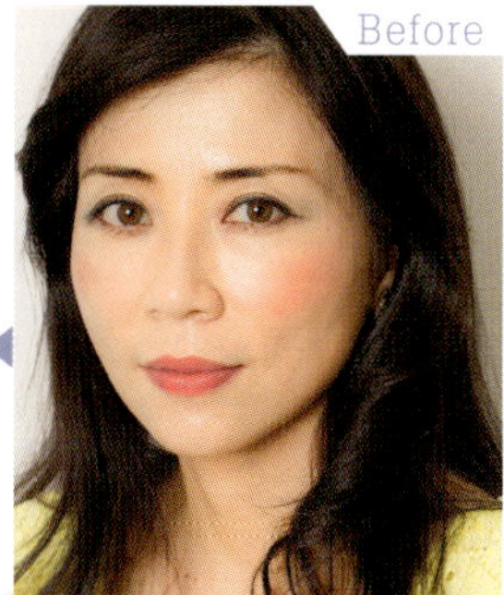

- ☑ バランスの悪い細すぎる眉 →22ページへ
- ☑ ファンデに厚塗り感がある →20ページへ
- ☑ 濃いアイメイク →23ページへ

どうして1分でキレイになれるの？

前ページでの変化を見て「どうして、たった1分であんなに変わることができるの？」と思ったことでしょう。「もしかして1分ではなくて、もっと長時間メイクをしているんじゃない？」なんて思う人もいるかもしれませんね。

先ほどの3人のメイクはすべて、これからご紹介する「基本の1分メイク」と「お悩み別1分メイク」のテクニックで仕上げたものです。

メイクでは、厚塗りにして「隠す」ことにばかり目がいってしまいますが、実はそれは逆効果。雪が積もれば積もるほど雪崩（なだれ）が起きやすくなるように、メイクも重ねれば重ねるほど、崩れやすくなります。厚塗りによってメイクが崩れれば、顔全体の印象も悪くなりますし、隠していたシミやしわなどが余計に目立ってしまうのです。

また、厚塗りをすると、肌が持っている自然なツヤ感が失われ、マネキンの肌のようなのっぺりとした透明感のない肌になってしまうために、老けて見えてしまいます。

もともと薄づきのメイクをしていれば、メイクが崩れたときもヨレてボロボロになり

Why so quickly?

にくく、肌の自然なツヤも引き出せます。気になるシミ・しわなどの悩みは、ピンポイントでカバーすれば、肌の美しさもきちんと演出でき、若返ることも可能なのです。

スキンケアも、時間をかければかけるだけよいというわけではありません。重要なのは、肌に十分なうるおいを与え、それを肌の中に閉じ込めること。洗顔後、特にお風呂上がりは、あっという間に肌から水分が蒸発していきます。洗顔後は、手際よくスピーディーに肌にうるおいを与え、そのうるおいを逃さないようなケアをすることが大切。

時間をかけてお手入れをしていても、それが肌のうるおいを逃すようなケアであれば、逆効果となってしまうのです。また、長時間のケアや面倒なケアはなかなか長続きしません。

1時間かかるお手入れを週1回だけ行うよりも、たった1分でも毎日続けられるケアを行うほうが、肌の若々しさ、美しさを保つには有効なのです。

「美容はがんばるもの」と思っている方もいるかもしれませんが、がんばらなくても、最低限の時間と手間で、最大限の効果を出す方法はちゃんとあります。

これから紹介していく1分メイクと1分スキンケアで、短時間で、キレイを実現しましょう。

忙しい中で生まれた1分メイク&1分スキンケア

When busy

1分メイク&1分スキンケアは、私が忙しい毎日を送る中で生まれました。コスメコンシェルジュとして独立し、会社を設立してから今日まで、睡眠時間は3時間程度の日がほとんど。徹夜が続き、肌が荒れることも少なくありませんでした。

そんなときに、なるべく短い時間でキレイになるにはどうしたらいいか、手間をかけずに肌の悩みを解消するにはどうすればいいか……。本当に大事なエッセンスのみをまとめてできたのが「1分メイク&1分スキンケア」です。科学的に根拠のあることを効率よく行っていけば、化粧品の効果は最大限に活かすことができます。

慌ただしい朝でも、遅く帰ってきて疲れている夜でも、これだけやっておけばOKというものをいくつか決めておいて、できることを1分でもいいので続けてください。そのちょっとした心がけでキレイはつくれるのです。この本で紹介する1分メイク・スキンケアの中から、ご自身に必要なものを見つけて、ぜひ継続してみてください。

1minute beauty

1分メイク

これからご紹介する「基本の１分メイク」は、
「ここだけ押さえれば、キレイに見える！」
というポイントを押さえた最強の時短メイク。
たった１分で、印象をガラリと変えることができます。
基本の１分メイクに、シミ、しわ、たるみなどの
お悩みを１分で解消する「お悩み別１分メイク」をプラスすれば、
短時間で、「ナチュラルなのに若々しいメイク」が完成。
効率的にキレイをつくるテクニックを紹介します。

ここだけ押さえれば"キレイ"はつくれる!

基本の1分メイク

化粧品の特徴をフル活用すれば、短時間のメイクでも、これまでにないほど美しい仕上がりを実現できます。メイク時間が短くなる、ナチュラルなのにしっかりカバーでき、崩れにくい、一瞬で若返る…。いいことづくめの「最強の時短メイク」をぜひ試してみてください。

1 BBクリームのパフ塗りで瞬時に色ムラカバー

肌を若々しく見せるために一番重要なのが、シミやくすみ、赤みなどの色ムラをなくすこと。そこでオススメなのが、日焼け止め、下地、ファンデーションの機能が1つになっているBBクリームのパフ塗り。指で塗るほうが一般的ですが、パフで塗ると一瞬で均一にのばせて崩れにくくなり、ナチュラルなのにしっかり色ムラをカバーできます。

紫外線は肌の大敵。日焼け止め効果があるものを選んで。

2 パウダーレスで仕上げる超立体顔

BBクリームの後は、フェイスパウダーを使わずフェイスカラー(チーク、ハイライト、シェーディング)へ。こうすることで肌にフェイスカラーが密着して、発色がよくなり、より立体感のある顔になります。また、肌に粉っぽさがなくなり厚塗り感もでないので、老けた印象や疲れた印象にならず、若々しい顔に仕上げられるのです。

チーク・ハイライト・シャドウが1つになったアイテムがオススメ。

3 眉からつくるゴールデンプロポーション

眉は顔全体のバランスや印象を左右するパーツ。眉毛を理想のかたち(19ページ参照)にすることで、他人から見て美しく見える理想のバランスである「ゴールデンプロポーション」に近づけられます。眉毛が多い人、少ない人、それぞれのタイプにぴったり合ったアイテムを効果的に使えば、簡単に理想眉がつくれます。

アイブロウはペンシルとパウダーが一緒になったものが使いやすい。

眉の理想形とは…

目頭の真上に眉頭があり（①）、小鼻と目尻を結んだ延長線上に眉尻があり（②）、目頭から眉尻までの約2/3のところに眉山がある（③）かたち。

1. BBクリームのパフ塗りで瞬時に色ムラカバー

1
BBクリームを5点置きする

パフの角にパール粒大のＢＢクリームを出し、両頬、額、鼻先、あごの順に置く。

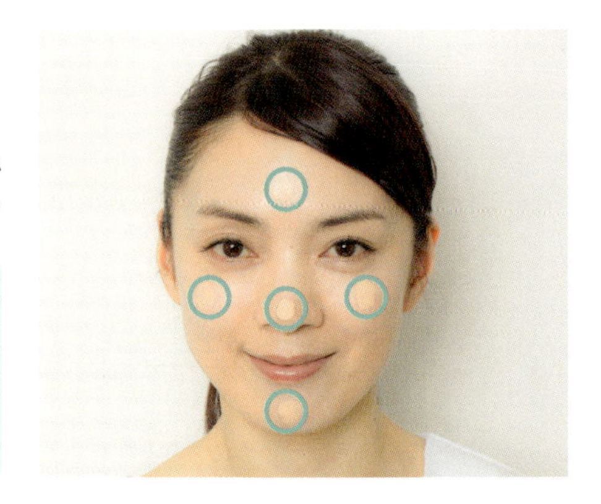

point

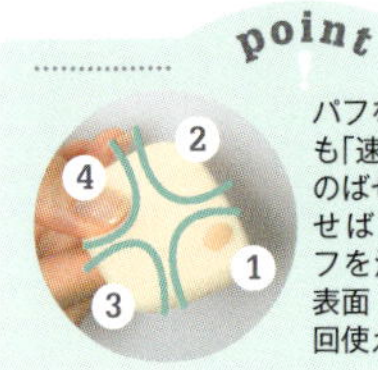

パフを使えば指よりも「速く」「ムラなく」のばせます。角に出せば１回ごとにパフを洗わずに済み、表面・裏面で合計８回使えて時短に！

2
顔全体へ薄くのばす

ＢＢクリームを両頬、あご、額の順で、中心から外側に向かってのばす。塗り忘れがないよう、鼻筋や鼻先、小鼻のわきなどにも、パフの角を使って均一にのばして。

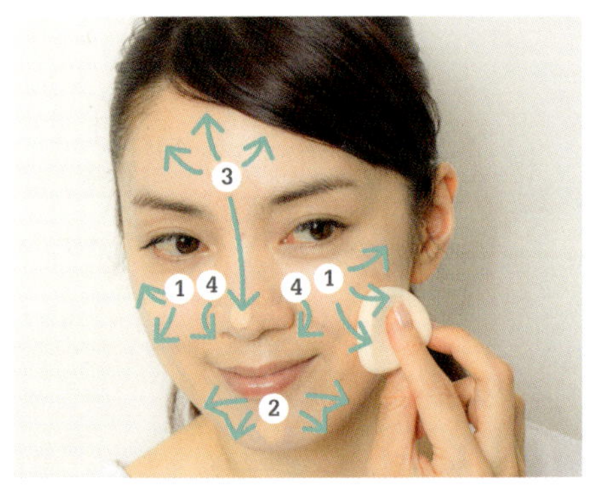

3
塗り足りない場所やムラをなくす

最後に、左右の目の下や首筋をパフでなぞる。全体の仕上がりを見て、足りない部分があればBBクリームを少量足し、重ね塗りして完成。

2. パウダーレスで仕上げる超立体顔

1

三角形を描くように
チークを頬にのせる

チークをブラシにとり、軽くなじませた後、両頬の笑うと高くなる場所に三角形を描くようにのせる。

2

Tゾーンと目の下に
ハイライトを入れる

ハイライトをブラシにとってなじませ、Tゾーン（額から、鼻の付け根と鼻の頭のちょうど真ん中あたりまで）と目の下にさっとのせる。

point

鼻の頭まで入れると、テカって見えるので注意！

3

シェーディングを
フェイスラインに入れる

シェーディングをフェイスラインに沿って、耳の横から口角の下あたりまで入れる。影ができて、顔が引き締まる。

point

大きめのブラシにパウダーをしっかりふくませるのが、キレイに仕上げるコツ。ブラシをなじませるときは、手の甲やコンパクトなどの容器を使って。

3. 眉からつくる
ゴールデンプロポーション

ボサ眉（濃い眉毛）

1

眉毛の裏側に眉マスカラをつける

point

眉マスカラを容器の口でしごくと、つけすぎを防げます。

眉マスカラを容器の口で4回ほど回しながらしごき、余計な液体を落とす。肌につくと余計に濃く見えるので注意しながら、毛の流れに逆らって眉毛の裏側につける。

2

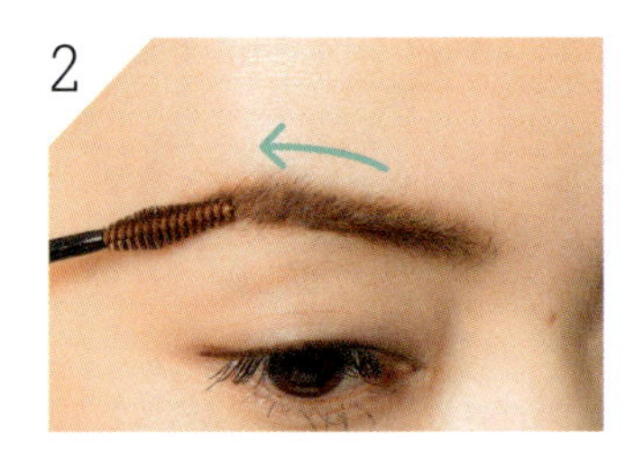

眉を理想のかたちに整える

眉毛の流れに沿うようにして、眉毛の表側につける。眉の理想のラインから余計な毛が出ないように、かたちを整えながらつける。

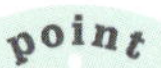

point

眉毛に色をつけたくない人は、液体が無色の眉トップコートを使いましょう。

マロ眉（薄い眉毛）・普通眉

1

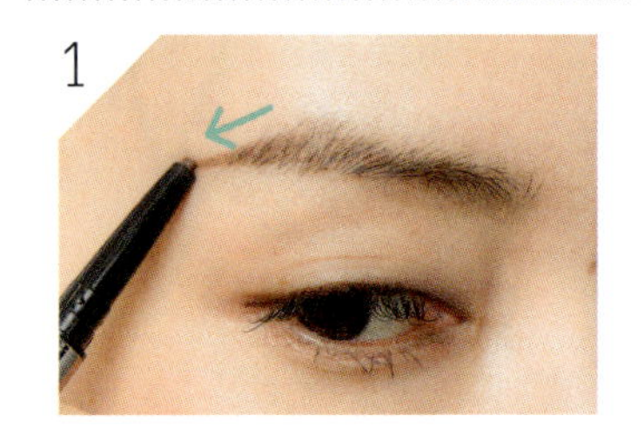

眉山から眉尻にラインを引く

眉の理想形（19ページ参照）になるよう、最も重要な眉山、眉尻の位置を決め、眉山から眉尻に向かって眉ペンシルで眉毛を描き足す。

point

眉山と眉尻はしっかり落ちにくいペンシルで描くこと！眉毛がしっかりあると「老け感」が消えます。

2

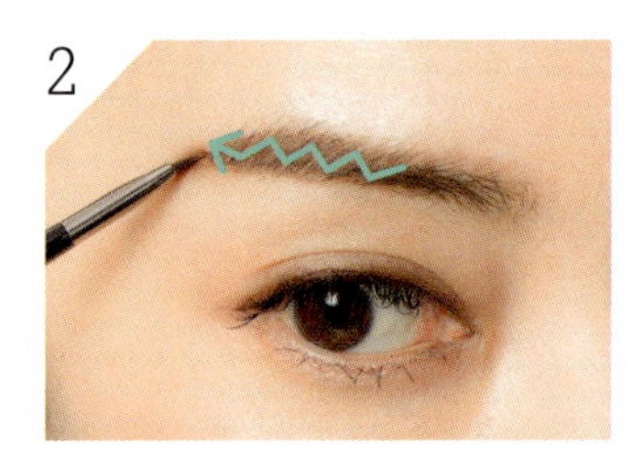

パウダーでまばらな部分を補う

眉毛が足りない部分、薄くなっている部分を補うように、ブラシを毛の流れに逆らってギザギザに動かし、パウダーをのせる。

point

眉頭が濃いと浮いて見える。そのため、眉頭から目頭に向けて軽いタッチでパウダーをのばせば、よりナチュラルに。ノーズシャドウ効果もあり。

あと1分
時間があったら…

基本メイクに+α

時間に余裕があるときや、メイクに華やかさをプラスしたいときは、目元・口元に＋αのメイクを加えましょう。目と唇に色をのせるだけで、顔全体の印象がガラリと変わります。

唇 ぷっくり唇をつくる「縁取り塗り」

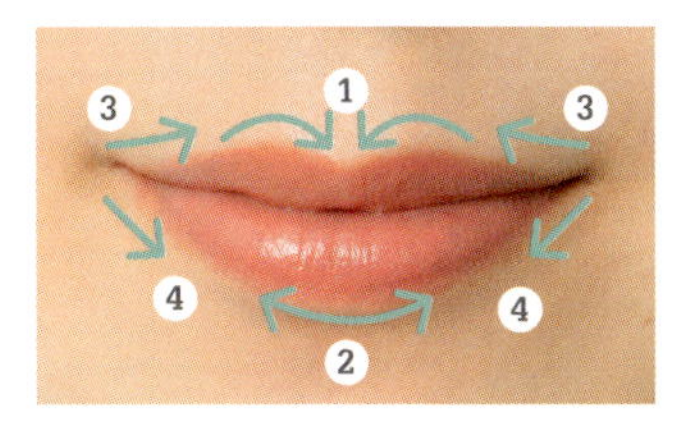

縁取りしながらリップを塗る

リップの角をつかって唇の縁を順番に縁取るように塗り、その後、唇の真ん中にリップをのせる。縁取りをすることで、リップライナーを使わなくてもぼやけがちな唇のラインをキレイに出せ唇が立体的になる。

時短には流し込みタイプのリップがオススメ！

「グロス+口紅」の1本で2役の効果が出やすいのが「流し込みタイプ」のリップ。ツヤ感のある唇を手軽につくれます。

成形タイプ

成形したリップを後から容器に入れる方式で作られており、リップが形どられています。発色がよく、唇のくすみをしっかりカバーできます。

流し込みタイプ

リップのスリーブに液体を流し込んで作り、リップ自体も筒の形になっています。グロスのようなツヤ感が出せます。

目 「一筆書きシャドウ」で目力アップ

1

一筆書きでスティックシャドウを引く

濃い色のスティックシャドウをまぶたの中央に置き、中央→目尻→目頭の順で、一筆でラインを引く。中央から目頭にかけては、ふわっと浮かせて色がつきすぎないように。

2

指でぼかし、グラデーションをつくる

片手でまぶたを持ち上げ、1で引いたラインを①②の順で薬指の腹を使い、放射線状にぼかしグラデーションをつくる。

point!

指を横だけに動かしてぼかすのはNG。一部分だけ濃くなり、グラデーションも上手につくれません。

intro / Part1 / Part2 / Part3 / outro

Trouble...

気になるあの悩みも「1分」で解消！
お悩み別1分メイク

「時短メイク」の超原則をまとめたのが、基本の1分メイク。それだけでは隠しきれないシミやしわ、むくみ顔やお疲れ顔には、「お悩み別1分メイク」をぜひ試してみてください。なかなかうまく隠せなかったシミ、しわ、クマや顔が疲れている、こけている、などのお悩みもコツさえ押さえれば、あっという間に解決できます。

【お疲れ顔】

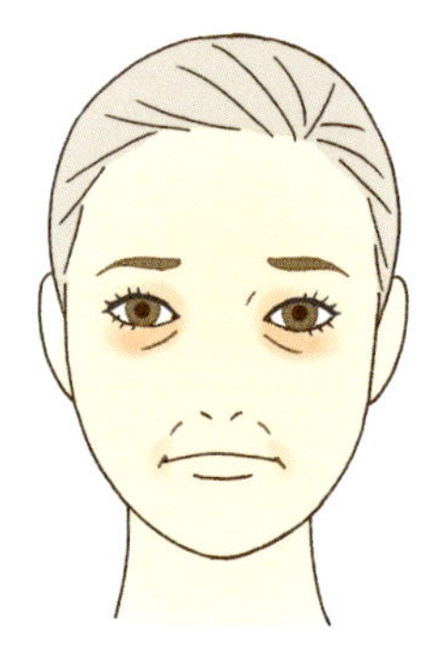

顔は疲れが出やすい場所。目元や口まわりに影ができ、どよんとした印象に。

対策は ▶▶ P40

【こけ顔】

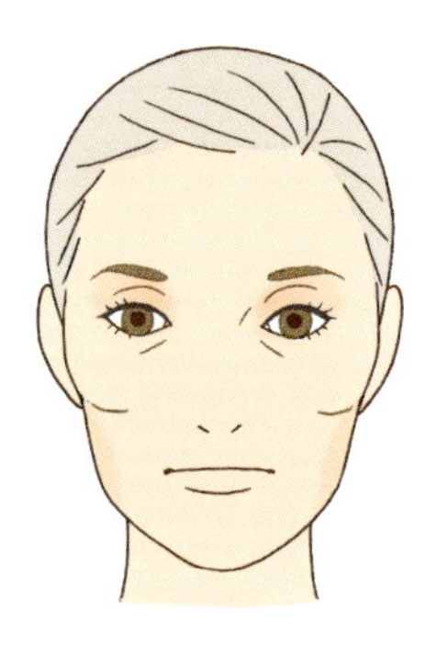

頬がげっそりとこけ、目の上がくぼむこけ顔。たるみが目立ち、老けた印象を与えてしまいます。

対策は ▶▶ P39

【むくみ顔】

顔がむくむと、いつもより目は小さく、頬はパンパンに。顔がひとまわり大きく見えてしまいます。

対策は ▶▶ P28

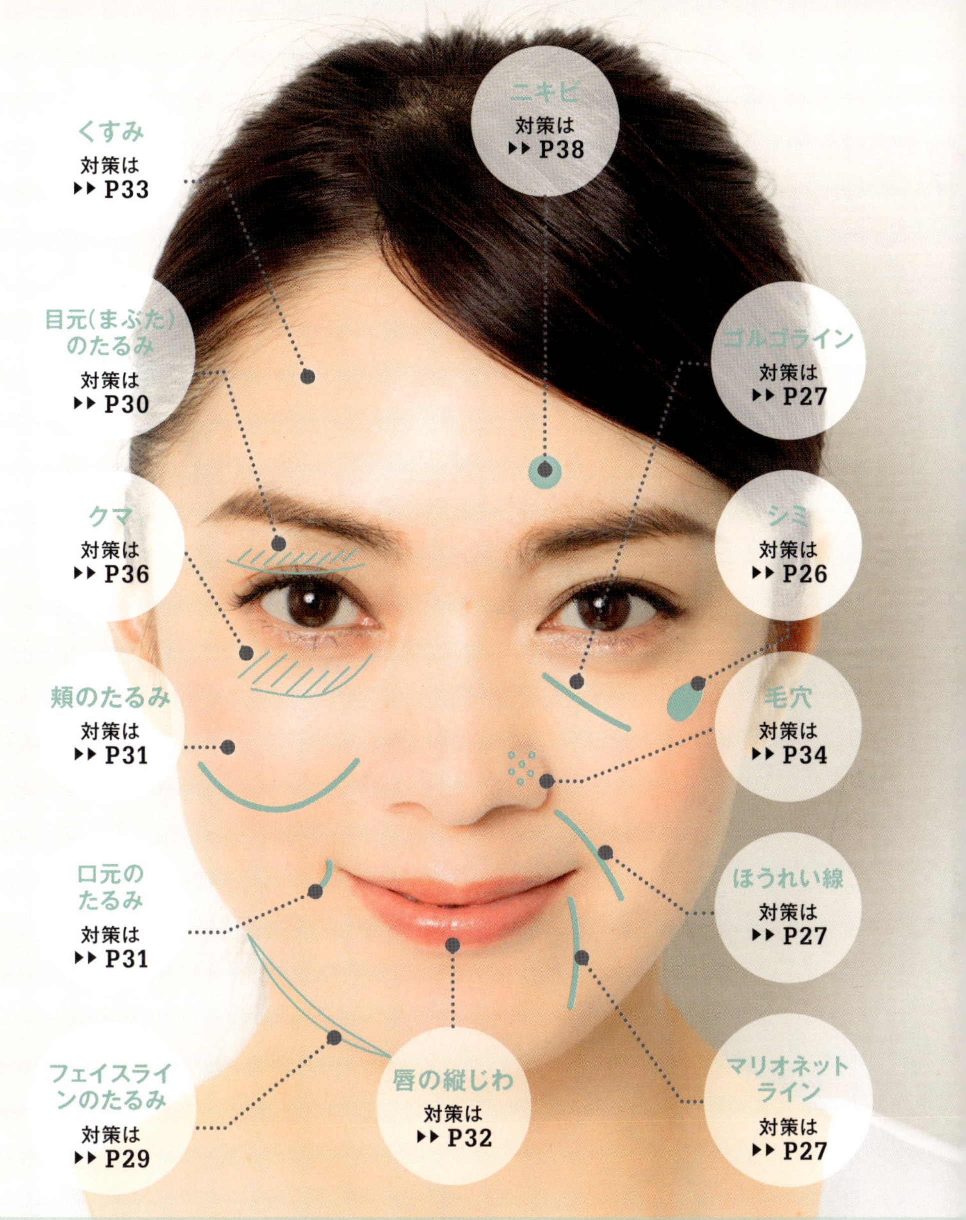

くすみ
対策は
▶▶ P33

ニキビ
対策は
▶▶ P38

目元(まぶた)のたるみ
対策は
▶▶ P30

ゴルゴライン
対策は
▶▶ P27

クマ
対策は
▶▶ P36

シミ
対策は
▶▶ P26

頬のたるみ
対策は
▶▶ P31

毛穴
対策は
▶▶ P34

口元のたるみ
対策は
▶▶ P31

ほうれい線
対策は
▶▶ P27

フェイスラインのたるみ
対策は
▶▶ P29

唇の縦じわ
対策は
▶▶ P32

マリオネットライン
対策は
▶▶ P27

基本のメイク＋お悩みメイクのタイミング

②④⑤が、基本の1分メイク。お悩み別1分メイクを追加するときは、基本の1分メイクの前後や間に行います。それぞれ、どのタイミングで行うかは、左記を参照して下さい。

① 化粧下地 ← ② BBクリーム ← ③ コンシーラー ← ④ フェイスカラー（チーク、ハイライト、シェーディング） ← ⑤ アイブロウ ← ⑥ アイシャドウ ← ⑦ アイライン ← ⑧ リップ

Trouble...

悩み 1 シミ

シミのあるパーツにあったコンシーラーで1日中美しい仕上がりに！

▸▸ やわらかめと固めのコンシーラーを使い分けて ◂◂

1

目元や口元など、よく動く部分

>> **やわらかいコンシーラー**

（チューブタイプ・筆タイプなど）

伸縮性のあるやわらかめのコンシーラーは、よく動く目元や口元にぴったり。固めを使うと、シワにコンシーラーが入り込んで悪目立ちします。

2

頬など、あまり動かない部分

>> **固めのコンシーラー**

（スティックタイプ・パクトタイプなど）

固めのコンシーラーはカバー力が高いので、頬などにある目立ちやすいシミでも、しっかり消すことができます。

コンシーラーの塗り方

1

シミよりひとまわり大きくのせて、ブラシでぼかす

肌と同じ色みのコンシーラーをブラシにとり、シミよりもひとまわり大きめに肌にのせたら、ブラシを放射線状に外へ動かす。シミにはさわらず、周囲だけをぼかす。

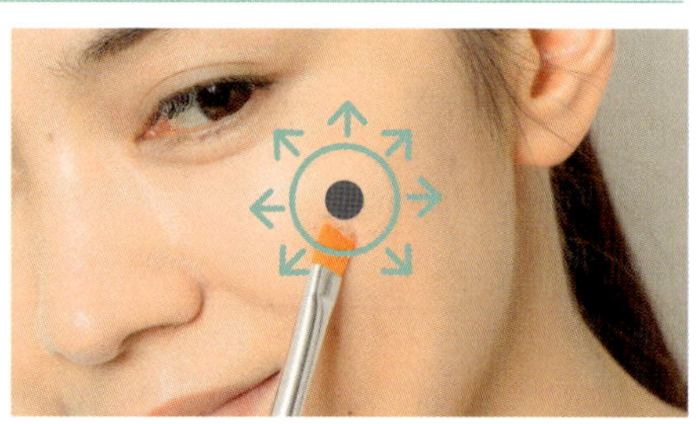

2

境目部分を薬指でたたき、なじませる

肌との境目部分が自然になるよう、指で軽くたたいてなじませる。

point

コンシーラーが色浮きする場合はスポンジで軽く押さえましょう。

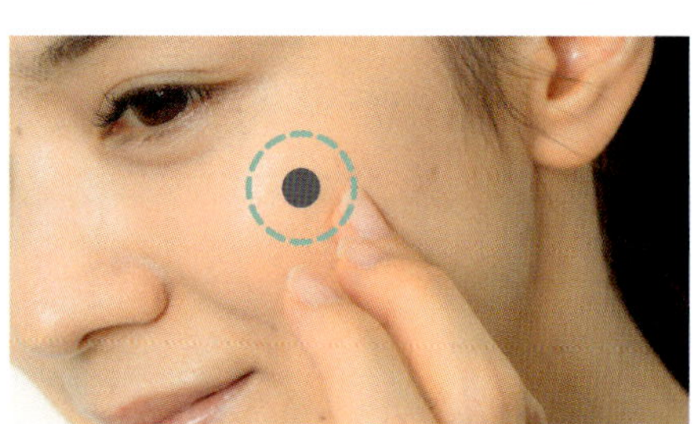

Trouble...

悩み② しわ（ほうれい線・ゴルゴライン・マリオネットライン）

「しわまたぎライン」で影を一掃！

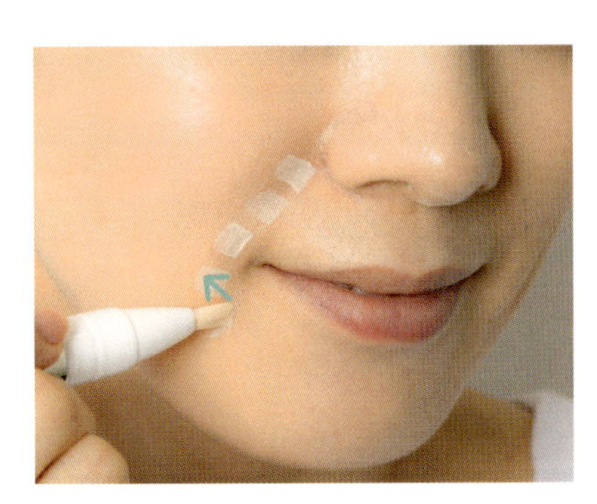

1

コンシーラーをしわに対して直角に入れる

肌の色よりも明るいやわらかめのコンシーラーを、しわをまたぐように、しわに対して直角に細かく入れる。

2

指でぼかす

しわをまたぐように指を動かし、コンシーラーをぼかす。

point

普段のメイクでしわにパール入りの化粧品はNG。時間がたつとしわの溝にパールが落ち、逆にしわが目立ちます。ただし、写真を撮る直前は光をとばせるのでパール入りがベスト。

科学の視点で解説

コンシーラーに含まれる粉と油の量で「カバー力」と「のびのよさ」が変わる！

コンシーラーは含まれている粉と油の量によって、特徴が異なります。
アイテム選びの目安にしてください。

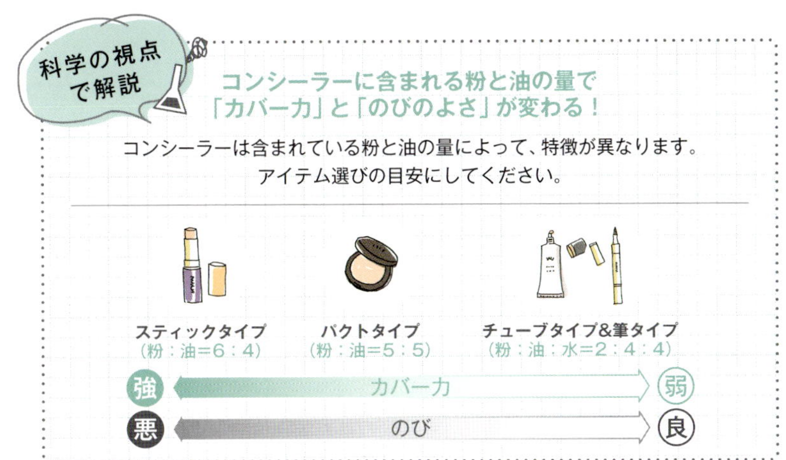

※目安です。

Trouble...

悩み 3 むくみ

ラインを変えるだけで、小顔はつくれる！

肌 シェーディングと引き上げチークで、すっきり小顔に

1

**シェーディングを
フェイスラインに入れる**

肌よりもワントーン暗い色のシェーディングパウダーを眉毛の横からあごの手前まで、フェイスラインをなぞるようにして太めに入れる。

2

**頬骨より高い位置に縦長の
チークを入れる**

はっきりした色のチーク（赤系のブラウンなど）を頬骨から斜め上に向けて、少し縦長に入れる。顔に立体感が生まれ、シャープな印象に。

眉 眉を少し長くするだけで、シャープな印象に

**眉山と眉尻を通常よりも
外側に設定する**

眉山と眉尻を19ページで示した理想の眉のかたち（点線）よりも1～2mm程度外側に設定する。決めた眉山から、眉尻に向かって眉ペンシルで眉毛を描き足し、薄いところをパウダーで補う。

Trouble...

悩み4 フェイスラインのたるみ

1本のシャドウとリップさえあれば、フェイスラインは引き上がる！

輪郭 引き上げ塗り＋シェーディングでたるみを一掃！

1

ラインを引き上げるように、BBクリームを薄く塗る

BBクリームを顔全体に塗った後、パフに残った分を、首筋から顔へ向けて下から引き上げるようにフェイスライン全体に塗る。

point

BB クリームを重ねすぎると、塗った箇所が膨張して見えるので、パフに残ったものを薄く塗る程度でOK。

2

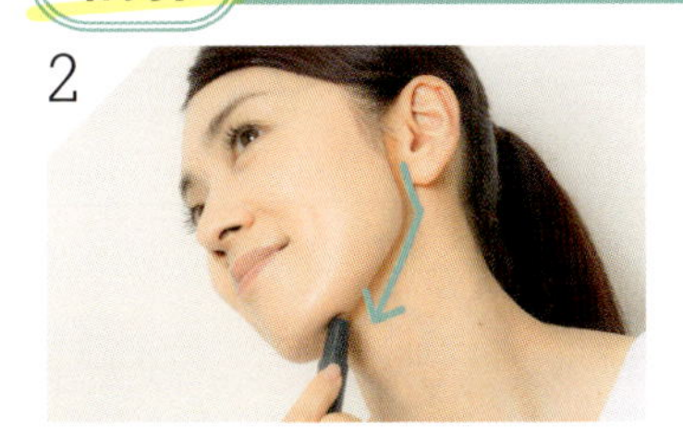

輪郭にそって シェーディングを入れる

肌の色よりワントーン暗いシェーディングスティック（ない場合は、パウダーでもOK）を、こめかみからスッと下におろし、フェイスラインのすぐ下を骨格に沿うようにしてあごの下まで滑らせ、反対側のこめかみまでラインを入れる。

3

しっかりとなじませる

2で入れたシェーディングを指の腹でなぞってなじませ、境目がわからないようにぼかす。

唇 リップの1カ所塗りで、顔の下半分が引き締まる

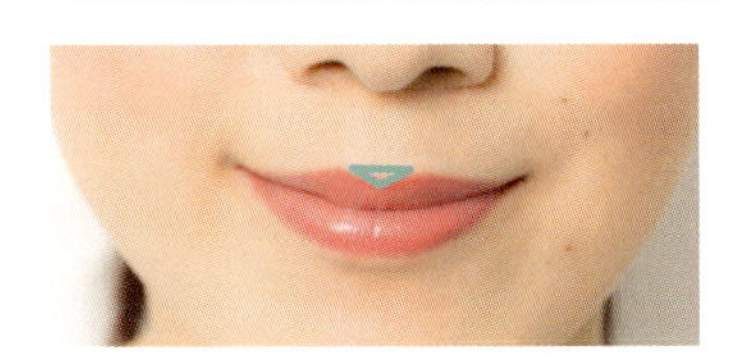

唇の山部分を塗りつぶす

唇全体にリップを塗った後、上唇の山部分を塗りつぶす。フェイスラインがたるむと、顔の下半分が下がりがち。唇にリップを塗った後、上唇の山部分を塗りつぶすことで、ふしぎと引き締まって見える。

point

やわらかいテクスチャーのリップだとなじんでしまうため、テクスチャーが固めで、かつ、ラインを丁寧にとれる細めのペンシルタイプを使いましょう。

Trouble...

悩み 5 部位別たるみ(目元・口元・頬)

3つの引き上げメイクで、瞬時にリフトアップが叶う！

目元 広めシャドウ＋目尻はね上げラインで、くっきり目に

1

中間色のアイシャドウを広めに入れる

ブラウン系のアイシャドウを、アイホールの半分くらいの幅を目安に入れる。オーバーめに入れることで、たるみでシャドウが見えなくなることを防ぎ、陰影を出せる。

point

赤味の強い色は、まぶたがはれぼったくなるので避けて。ブラウン系のシャドウがオススメ。

2

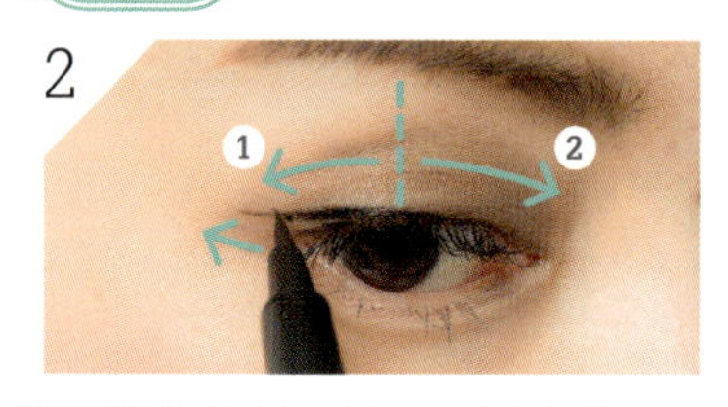

目尻部分を少しはね上げるようにラインを引く

黒のリキッドアイライナーでまぶたの中央から目尻に向かってまつ毛の生え際ギリギリにラインを引く。目尻よりも5mmほど長めに、少しはね上がるようにラインを引いたら、次にまぶたの中央から目頭までラインを引く。

point

片手でまぶたを軽く上に引っ張ると、キレイなラインが引けます。

3

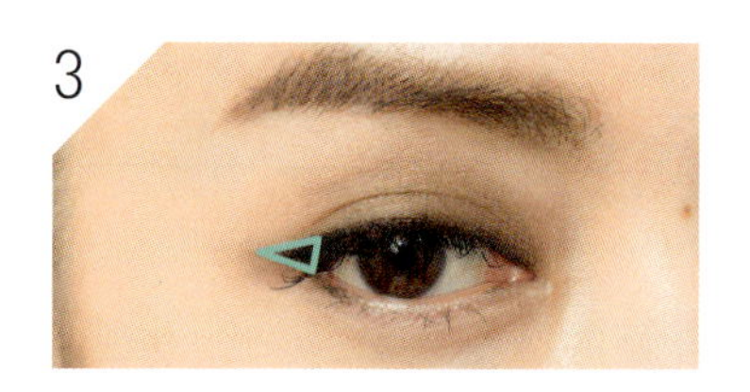

目尻のキワに三角形を描き足す

目尻側のラインの引き終わりに筆先をあて、目尻のキワに三角形をつくるようにラインを描き足し、その中を塗りつぶす。

4

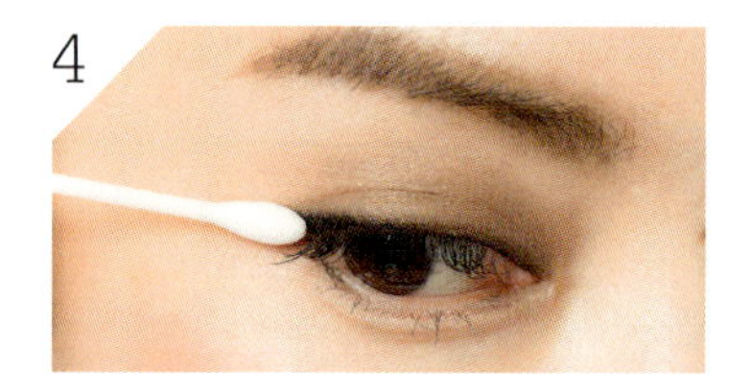

綿棒やシャドウでラインをなぞる

最後により自然に見えるように、軽く綿棒でラインをなぞりくっきり感を抑える。

point

ラインがガタガタになってしまったら、締め色（濃いブラウンなど）のシャドウでなぞると、ラインのヨレがごまかせます。

口元　コンシーラーの部分使いで、「下がり口角」を消す

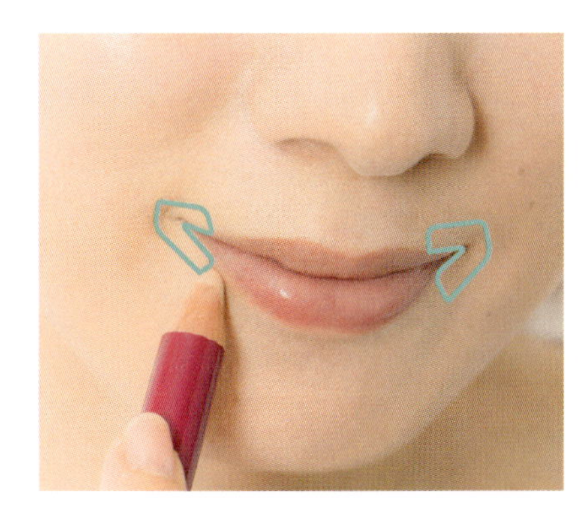

1

口角の上下のキワにコンシーラーをのせる

肌よりもワントーン明るい色の固めのコンシーラー（ペンシルタイプなど）を、口角の上下のキワに細長くのせる。

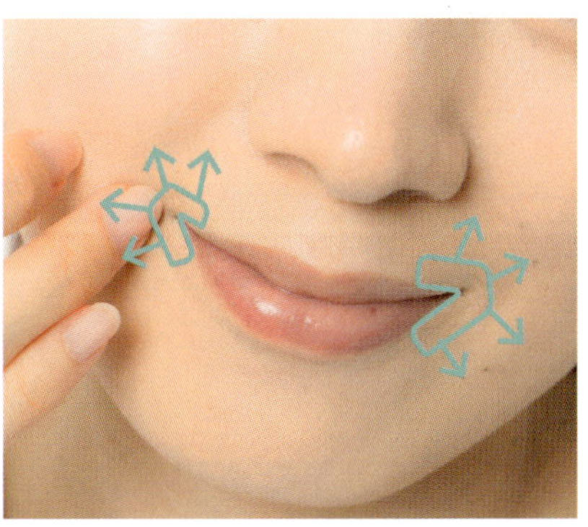

2

指の腹でなじませる

薬指の腹を使い、コンシーラーの外側のラインを軽くポンポンと叩いて放射線状になじませる。

頬　目線を上に集中させて、たるんだ頬をなかったことに！

血色チークを頬骨の一番高い位置に入れる

肌なじみのよい色（コーラルベージュなど）のチークをブラシにとって軽くなじませ、頬骨の一番高い位置からこめかみに向かって引き上げるように入れる。

Trouble...

悩み⑥ 唇の縦じわ

「縦づけ・横づけ」の合わせワザで、プルンとうるおった唇に！

1

唇用美容液を「縦づけ」する

唇用の美容液（下地でもOK）を、上下に動かしながら中心から外側に向けて、唇全体につける。

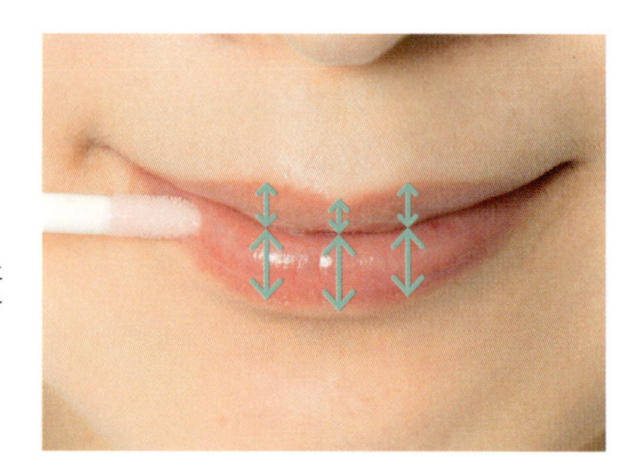

2

中心から広げるように「横づけ」する

美容液を唇の中心にのせ、中心から外側に向けて唇全体につける。

point

縦づけと横づけを行うことで、唇のしわの間に美容液がしっかり入り込み、しっとりとうるおいのある唇に。

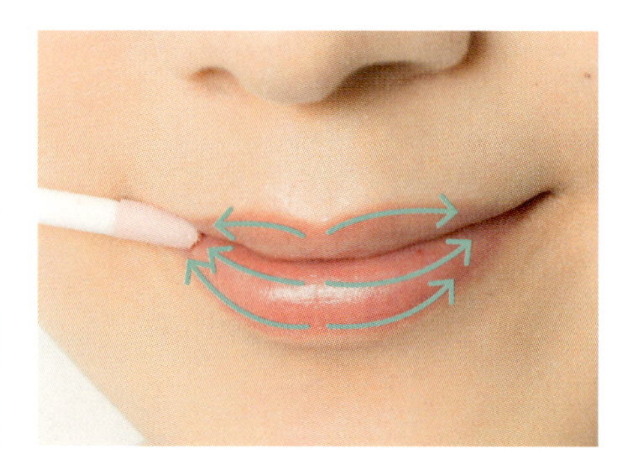

3

リップも唇全体に、「縦づけ」→「横づけ」する

リップも1、2の美容液と同様に、縦づけ→横づけをする。

point

カプサイシン入りリップを使うと、ふっくら唇になれます。

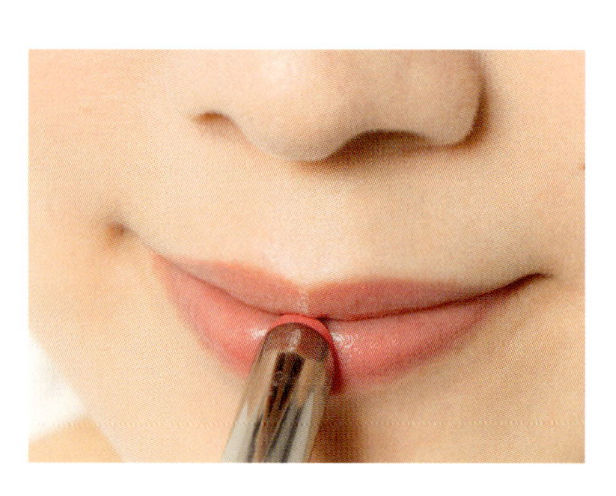

Trouble...

悩み7 くすみ

色と光のマジックで、くすみのない透明感あふれる肌へ

1

色つき下地を顔全体に均一に塗る

パフの角にパール粒大のくすみに合った色つき下地（選び方は下記を参照）を出し、両頬、額、鼻先、あごにおく。両頬、あご、額から鼻先の順で、中心から外側に向かってのばす。

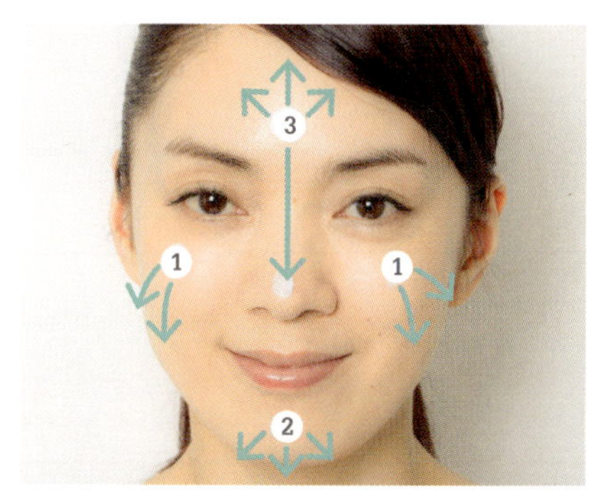

2

ムラがでないよう、目の下や首筋までのばす

パフに残った下地を鼻筋や小鼻のわき、目の下に均一にのばす。顔と首の間に境目ができないように、あごから首にかけてものばす。

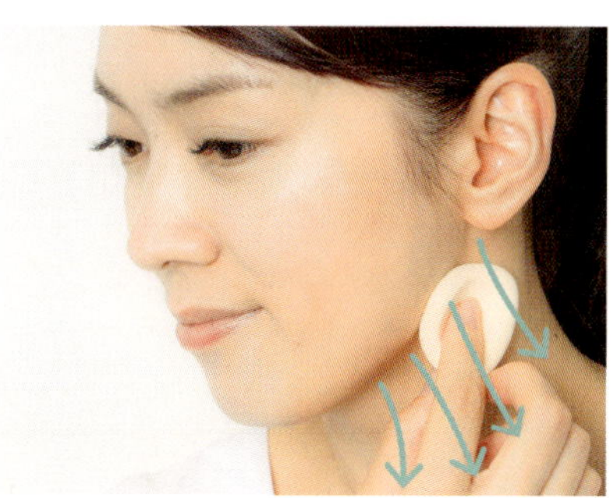

科学の視点で解説

くすみがキレイに消える下地の選び方

「カバーしたいくすみの色」に対して、右の色相環で反対側にある色（補色）のパールが入った下地を選びましょう。補色の光が肌のくすんだ色を打ち消してくれます。

（黄ぐすみ（黄色）
▶▶パープル系）

（血行不良ぐすみ（青色）
▶▶オレンジ系）

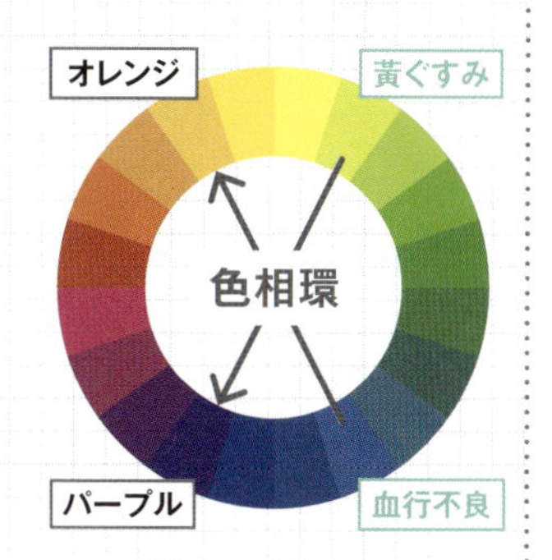

タイプ別メイクをマスターすれば、至近距離でも毛穴が目立たない！

▸▸ 毛穴の種類に合った下地を選んで！ ◂◂

たるみ毛穴

頬によく見られる毛穴。肌の老化によってハリが低下すると、毛包（毛穴の奥で毛根を包んでいるところ）が下に落ち込むため、毛穴まわりの皮膚も毛穴に落ちて、毛穴が目立ちやすくなることが原因です。

▸▸保湿効果やエイジングケア効果のある下地
（レチノール、ペプチドなどの成分が入っているもの）

毛穴の状態は涙型。

ひらき毛穴

顔全体に見られますが、特に鼻周辺で目立ち、オイリー肌の人に多い毛穴です。過剰な皮脂のせいで、毛穴の開きが目立ちやすくなって起こります。

▸▸皮脂吸着パウダー入りの下地
（『〇〇ジメチコン』、『〇〇シロキシケイ酸』などの成分が入っているもの）

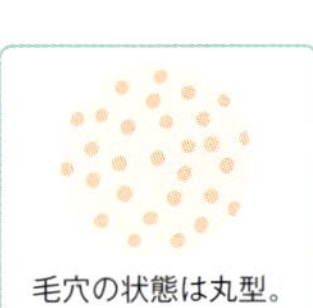

毛穴の状態は丸型。

つまり毛穴

皮脂や古い角質がつまってできるのが、つまり毛穴。丸くていちごのツブツブのような毛穴で、Tゾーンや小鼻のまわりによく見られます。毛穴のつまりを解消しないとメイクがうまくのらないので、つまりを取り除いた上で、ひらき毛穴の1分メイクを行いましょう。

▸▸「つまり毛穴のスキンケア（68ページ）」の後で、「ひらき毛穴の1分メイク」を!

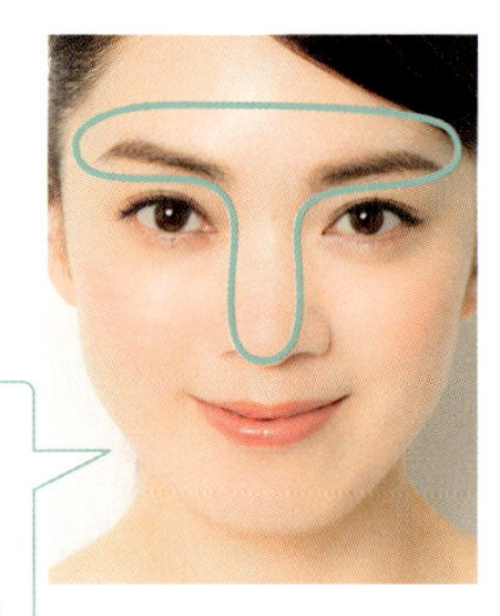

毛穴の状態は山型。

たるみ毛穴

下地を顔全体に薄くのばす

パフの角にパール粒大の下地を出し、両頬、額、鼻先、あごにおく。顔においた下地を両頬、あご、額から鼻先の順で、パフを使って中心から外側に向かってのばす。

毛穴部分は、引き上げるように塗り込む

毛穴が気になる部分は、指の腹を使って下から上に引き上げるようにして塗り込む。縦長に広がったたるみ毛穴に下地をしっかりと下から入れ込むイメージで。

ひらき毛穴

極少量を毛穴に叩き込みながら薄くのばす

下地を米粒ひとつ分くらい、指先に出し、毛穴が気になるところに、叩き込みながら薄くのばす。

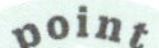

たくさん塗るとメイクがヨレやすくなるので、少量を使うよう心がけましょう。

下地はこれぐらいでOK！

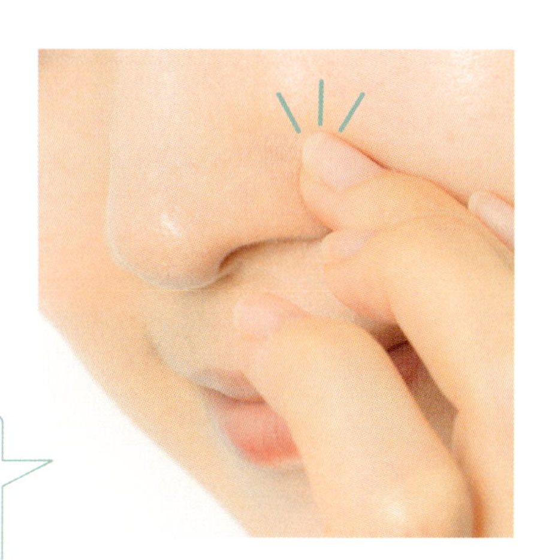

最適なアイテムの「スポット置き」でクマを完璧カバー

▸▸ クマの種類に合ったアイテムを選んで ◂◂

黒クマ

年齢とともに肌のハリや弾力が低下すると、目の下に凹凸ができます。凹凸部分に影ができて黒く見えるのが黒クマ。顔がむくむと、より一層目立つのも特徴です。

▸▸目の下の凹凸を埋められるオレンジ系の色つき下地

【見極め方】

手鏡で顔を見ながら、上を向いてみましょう。上を向いたらクマが消えれば、黒クマです。

青クマ

血行不良で目のまわりの血流が滞って目の下が青黒くなるのが青クマです。寝不足、目の疲れ、冷えなどでも起こります。

▸▸オレンジ系でやわらかいテクスチャーのコンシーラー
（筆ペンタイプなど）

【見極め方】

手鏡で顔を見ながら、目尻を横に軽く引っ張ります。少し薄くなったら青クマです。

目元が茶色にくすんでいるときは…

色素沈着による茶クマの可能性があります。イエロー系でやわらかいテクスチャーのコンシーラーでカバーしましょう。

1

クマが気になるところに点置きする

それぞれのクマに合ったアイテムを、クマが気になるところに点置きする。

2

肌にしっかり定着させる

点置きした色つき下地やコンシーラーを軽くポンポンと指の腹で叩いて、肌に定着させる。

3

全体になじませる

最後に肌との境目部分が自然になるように、薬指を左右にスライドさせてクマ全体になじませる。

point!

目のキワギリギリまできっちりカバーしてしまうと、とたんに厚化粧に見え、目も小さく見えるので、ギリギリまで塗らないこと。

Trouble...

悩み10 ニキビ

ノータッチで仕上げるカバーテクニックで、ニキビをなかったことに！

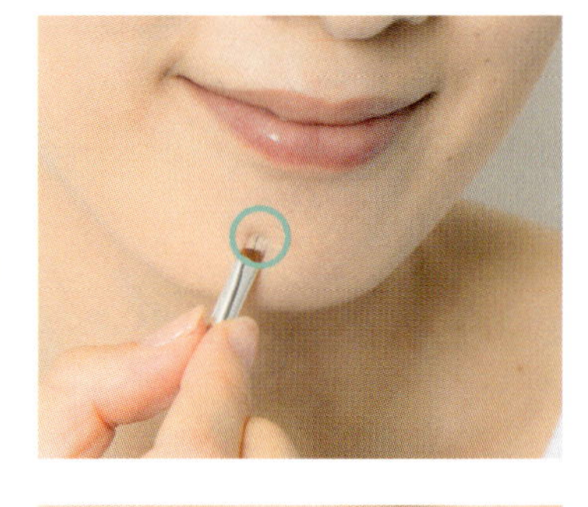

1

コンシーラーをニキビより ふたまわりほど大きくつける

肌と同じ色みのコンシーラーをブラシにとり、ニキビよりもふたまわりほど大きくつくように、肌にのせる。

2

放射線状にブラシを動かし、なじませる

ブラシを放射線状に外へ動かすようにして、ニキビに触れないようにまわりだけをブラシでなだらかに整えてならす。

point

炎症を悪化させないよう、指ではなく清潔なブラシを使って。ビタミンC誘導体入りコンシーラーを使うとニキビ跡が残りにくくなります。

3

フェイスパウダーで軽く押さえる

最後にフェイスパウダーをパフにとり、コンシーラーをおいた部分を軽く押さえて完成。

黄色ニキビができたら、メイクはNG！

ニキビは肌の炎症。ニキビができた時点でできる限りメイクは避けたいところ。特に、「黄色ニキビ」は悪化して膿んだ状態なので、治った後も肌に凸凹のニキビ跡が残る可能性大。メイクをひかえ、炎症を抑えて早く治すことに力を注ぎましょう。

Trouble...
悩み11 こけ顔

目元と頬の2点メイクで顔をふっくらさせ、こけ顔を回避

頬 チークとハイライトのダブル使いで幸せ顔に

1

頬にできた影をハイライトで消す

頬のこけた部分（頬骨の下の影ができているあたり）にホワイトやベージュのハイライトを入れる。

2

血色カラーのチークを横長に入れる

頬の笑ったときに一番高くなる位置に、ピンクなどの明るい色のチークを楕円形に入れる。血色感が強調され、ふっくらした印象に。

目 丸く高いラインとシャドウで、ふんわり感を演出

1

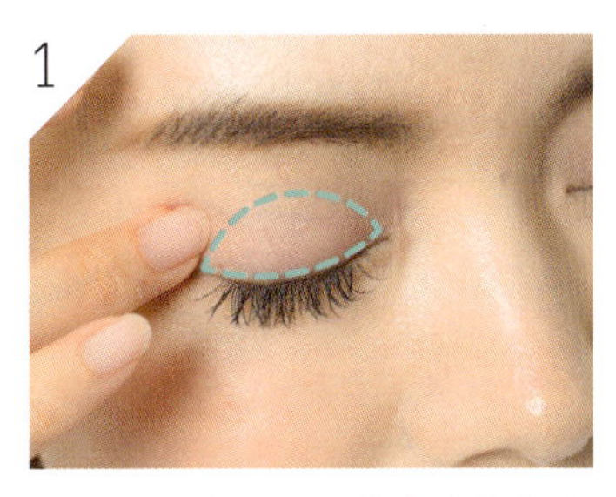

クリームシャドウを丸く入れる

パール入りで明るい色（ライトピンクなど）のクリームシャドウを指にとり、アイホールに半円状に入れる。丸くシャドウを入れるとまぶたの中央が高く見え、目の上のくぼみが目立たなくなる。

2

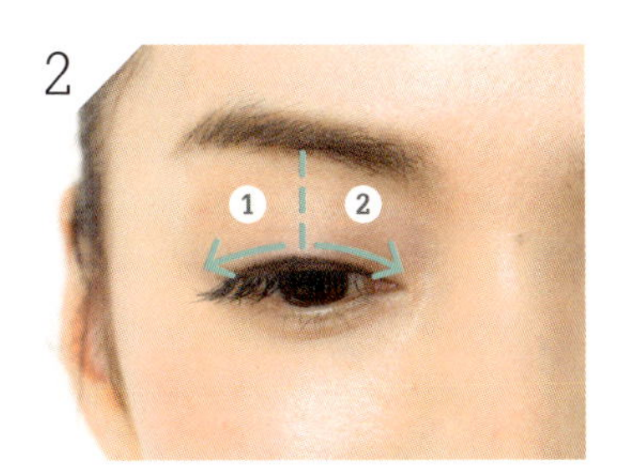

まぶたの中央が高くなるようにラインを引く

ペンシルアイライナーをまぶたの中央から目尻に向かって徐々に細くなるように力を抜きながら引く。次にまぶたの中央から目頭まで同様にラインを引く。まぶたの中央が一番高くなるよう、意識して。

Trouble…

悩み12 お疲れ顔

"お疲れポイント"を狙い撃ちして元気顔に！

頬 明るめチークを丸く入れて、血色感アップ

頬骨の高い位置にチークを丸く入れる

頬骨の最も高い位置にサーモンピンクなどの明るめの色のチークをまんまるに入れる。自然な血色感が出て元気な印象に。

より顔色をよく見せるために…

ピンクの色つき下地を塗ると、血色がプラスされて顔色が明るくなり、「疲れた印象」「顔色の悪さ」をカバーできます。

Part1

眉 眉尻側を高くして、どんより目元を解消！

眉尻を眉頭より高く描く

19ページの理想の眉のかたちと比較し、眉尻の位置のみを眉頭より1 ～ 2mmほど高めに設定して、眉山から眉尻に向かってペンシルタイプのアイブロウで描く。眉毛が薄いところはパウダーで補う。

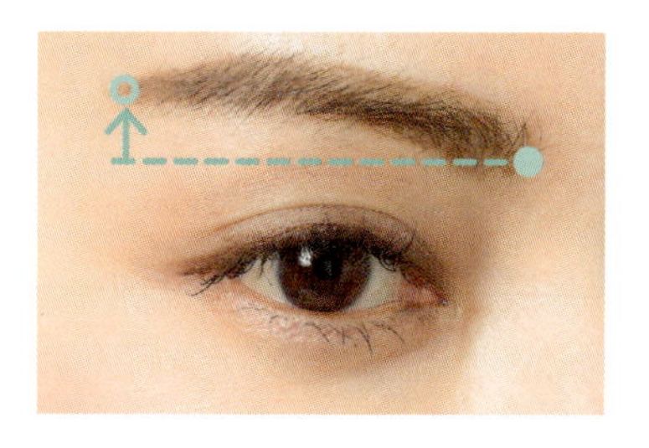

疲れて見える！ やってはいけないNG眉

眉尻が眉頭より下がっていると、疲れた印象を与えてしまいます。

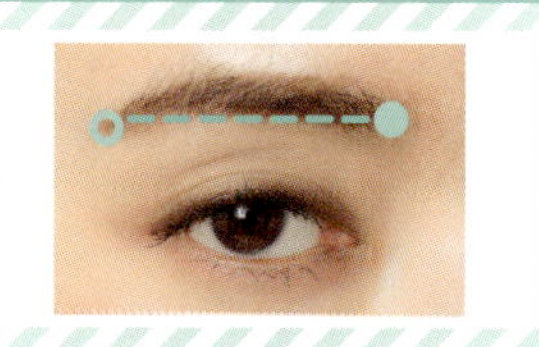

目元 涙袋に輝きを取り入れ、活力のある目に変身

ベージュなどの明るい色を涙袋に入れる

涙袋のところにベージュやゴールドなどの明るい色のシャドウを、ワンストロークでさっと入れる。疲れが出やすい目元が明るい印象になり、疲れ感をカバーできる。

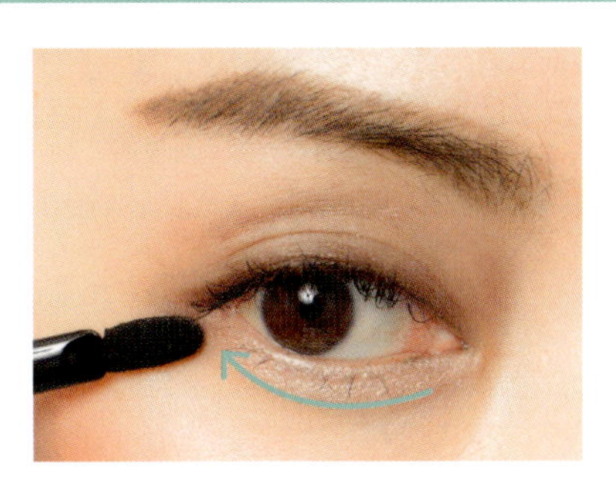

口元 「影消し＋縁取り」のダブルテクで明るい口元に！

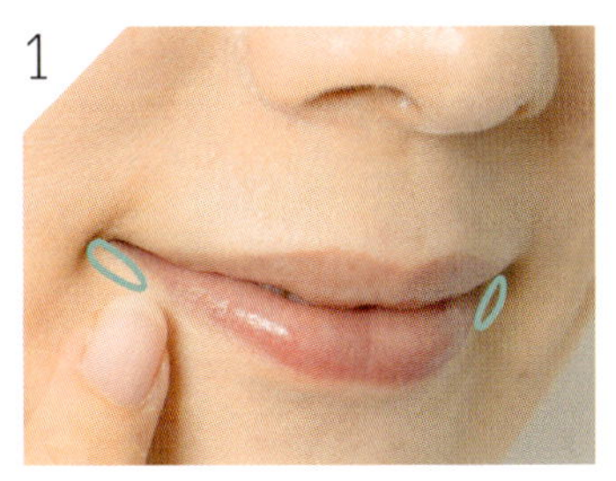

コンシーラーを口角の下に細長く入れる

口角の下にできる影の部分に、肌よりもワントーン明るいリキッドタイプのコンシーラーをのせ、薬指の腹を使ってぽんぽんと叩くようにしてなじませる。

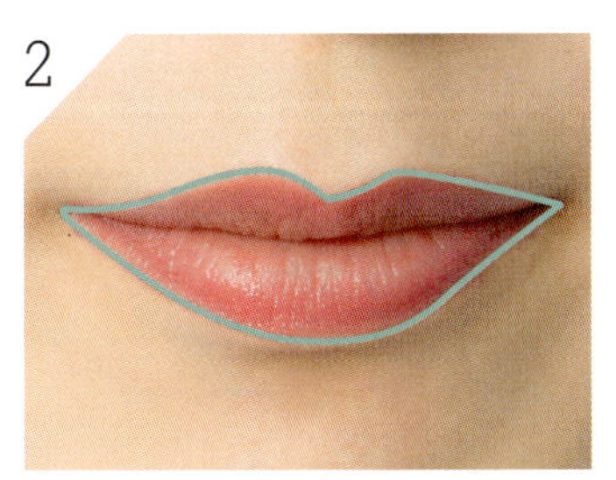

唇をライナーで縁取る

ピンクやローズなど、明るい色のリップライナーで、唇のラインを縁取る。ラインがはっきりすると、疲れた印象が一掃できる。

ティントリップを塗る

ティントタイプのリップで、内側を塗りつぶす。リップライナーとリップは同じ色のものを使用して。

ティントリップって？

ティントリップとは、染料が入っているタイプのこと。唇の角層まで染める効果があるため、食事などしても落ちにくく色が長持ちするという特徴があります。ただし、落ちにくいため、クレンジングはしっかり行いましょう。

Column1

あっという間にメイクしたてのような仕上がり！

1分でできるメイク直し

崩れたメイクの上にメイクを重ねると、ヨレや崩れがさらに目立ちます。**実はBBクリームにはメイクオフの効果があるため、キレイに肌づくりができ、加えて保湿もできるのです。**BBクリームを使った手間なしお直し、ぜひ試してみてください。

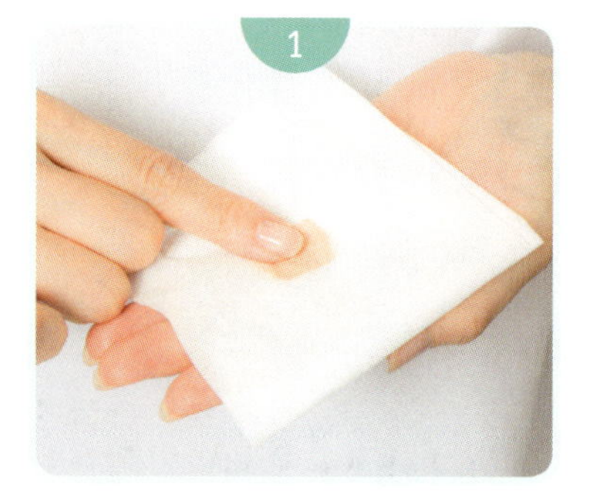

ティッシュを1枚用意する。指先にBBクリームを少量とり、広げたティッシュの中央にくるくると薄くのばす。

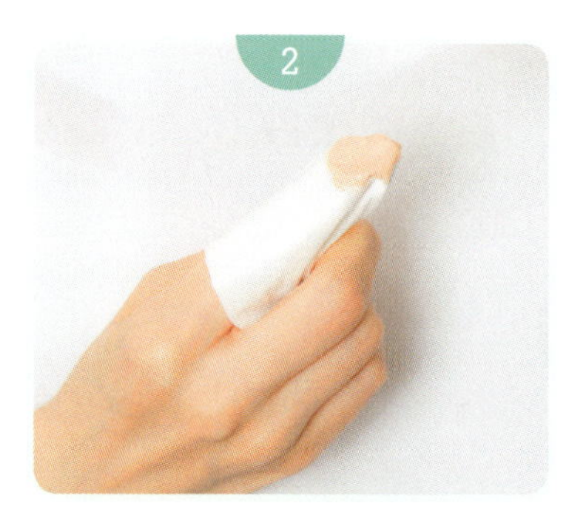

BBクリームをしみこませた部分が指先にくるように、1のティッシュで人差し指をくるむ。

メイクが崩れたところを人差し指の指先でぽんぽんと押さえ、ティッシュについたBBクリームでふきとりながら整える。

太めのブラシでくるくると円を描くようにフェイスパウダーをのせる。

1minute beauty

1分スキンケア

元化粧品開発者として得た知識をもとに
“最短のお手入れで、美肌を手に入れる方法”をまとめたのが
これからご紹介する「基本の１分スキンケア」です。
シミ、しわなどの肌悩みが気になる方は、
基本のケアに加えて「お悩み別スキンケア」を試してみてください。
悩みを解消するエッセンスを凝縮しているので、
短時間でも劇的な効果が期待できます。
１分スキンケアで、無駄なく賢く、若々しい美肌を手に入れましょう。

簡単・手間なしで、がんばらずに美肌を保てる！

基本の1分スキンケア

アイテムの特性を知ってそのよさを活かせば、スキンケアも過剰な時間は必要ありません。時間をかけないシンプルなお手入れであれば、忙しくても毎日続けられるはず。ムダを省いた効率的なスキンケアで、若々しい肌を手に入れましょう。

1 美肌に不可欠なのは美水液＋美油液

肌から失われていく「水分」と「油分」を補うのが、スキンケアの原則。まず、水分が豊富に含まれた美容液・化粧水（美水液）で肌にうるおいを与え、次に油分を多く含んだ美容液・乳液・クリーム（美油液）などで、水分が逃げないように肌にフタをしましょう。このように美肌に不可欠な2つの要素をアイテムではなく中身（成分）でとらえることで、時間とお金のムダが省けます。

2 短時間で効果バツグンの「ピンポイント保湿」

乾燥は、美肌の大敵。肌が乾燥するとバリア機能が低下するため、ニキビや肌荒れなどトラブルの原因になります。短時間で効果的に乾燥対策をするには、「ピンポイント保湿」がオススメです。乾燥しやすい目元、口元に美油液を重ね塗りすることで、短時間で効率的に保湿ケアができ、乾燥知らずのうるおい肌をキープできます。

3 美油液の「なまけマッサ」塗りでリフトアップ

「なまけマッサ」とは、簡易的なマッサージをしながら、美油液をのばすこと。マッサージのように時間をかけず、のばす過程をリンパの流れにそって行うだけなので「マッサ」と呼んでいます。忙しい毎日の中で、マッサージの時間をとるのは大変ですが、「美油液はなまけマッサで塗り広げる」と決めておけば、毎日無理なく続けられます。美油液を両手になじませ、軽く温めてから行うことで、肌がリフトアップし、たるみ・しわ改善につながります。

1 美肌に不可欠なのは
美水液+美油液
▸▸ P46
2 短時間で効果バツグンの
「ピンポイント保湿」
▸▸ P47
3 美油液の「なまけマッサ」
塗りでリフトアップ
▸▸ P48

1. 美肌に不可欠なのは 美水液＋美油液

1 美水液をつける

美水液って？

水分を豊富に含んだ美容液や美容成分が多い化粧水などのことを指します。テクスチャーが透明の美容液には、水分が豊富に含まれています。

【例えば、こんなアイテムを選んで！】

- 透明でサラリとした質感の美容液
- 美容成分を多く含んだ化粧水

2 美油液をつける

美油液って？

油分を多く含んだ美容液や美容成分が多い乳液・クリーム・オイルなどのことを指します。白濁している美容液には、油分が豊富に含まれています。

【例えば、こんなアイテムを選んで！】

- テクスチャーが白濁している美容液
- 美容成分を多く含んだ乳液・クリーム・オイル

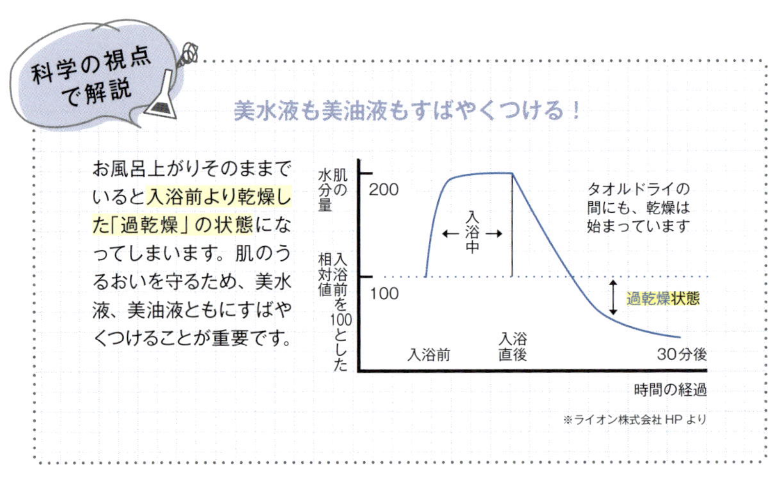

美水液も美油液もすばやくつける！

お風呂上がりそのままでいると入浴前より乾燥した「過乾燥」の状態になってしまいます。肌のうるおいを守るため、美水液、美油液ともにすばやくつけることが重要です。

2. 短時間で効果バツグンの「ピンポイント保湿」

「ピンポイント保湿」すべきパーツはココ！

&

目元・口元はほかの部分に比べて皮膚が薄く、皮脂腺や汗腺が少なかったり、なかったりするために乾燥しやすいパーツです。目元はメイクを落とすときに、口元は食べたり飲んだりするときにこすることが多いので、その点でもうるおいを保つのが難しいといえます。

乾燥しやすい目元・口元は、小じわができやすい箇所。小じわの改善・予防のために、美油液のピンポイント塗りでしっかり保湿を！

美油液を使った「ピンポイント保湿」の方法

美油液を顔全体に塗った後、普段より肉厚に口元・目元に重ね塗りをする。薬指の腹でやさしくなでるように塗ること。

刺激は与えないこと。成分を浸透させたいからと強く叩いたりこすったりすると、肌へのダメージとなります。

3. 美油液の「なまけマッサ」塗りでリフトアップ

1

美油液をのばしながら頬をくるくるとマッサージ

美油液を規定量とり、手のひらでなじませる。あごからこめかみまでらせんを描くように両手の手のひら全体をすべらせ、頬全体に美油液を塗る。頬全体に美油液がのびたら、最後にこめかみをぎゅっと押す。

2

額の中心から外側に向かって両手を動かす

額の中央で指先を交差させたら、それぞれの指先を内から外へ軽く押しながら流すように動かす。その際、手のひらも額に密着させると、より美油液をキレイにのばせる。

眉間のしわが気になる人は…

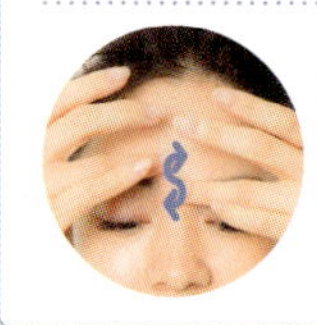

美油液をのばした後で、両手の中指で眉間に「S」の字を交互に描いてマッサージ。

3

眉間、小鼻のわきに薬指をすべらせる

眉間から小鼻へ向かって鼻の両側に薬指をすべらせ、小鼻のわきで指を上下に3回ほど動かす。

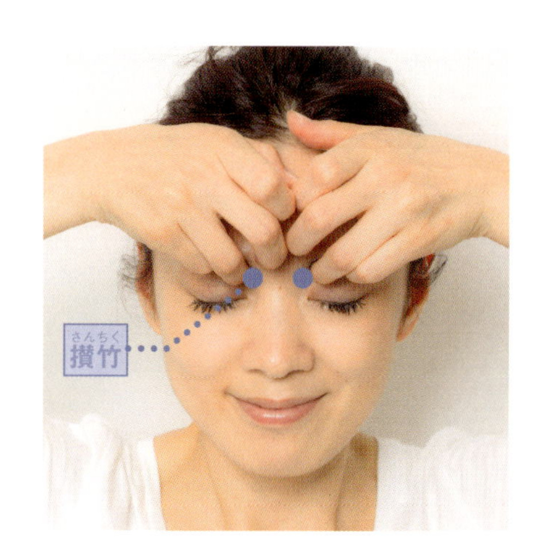

4

美油液をのばしつつ、目のまわりのツボ押しを

上から眼球の入っている頭蓋骨の穴（攅竹）に中指をかけて押し上げるようにして、軽くツボ押しをする。

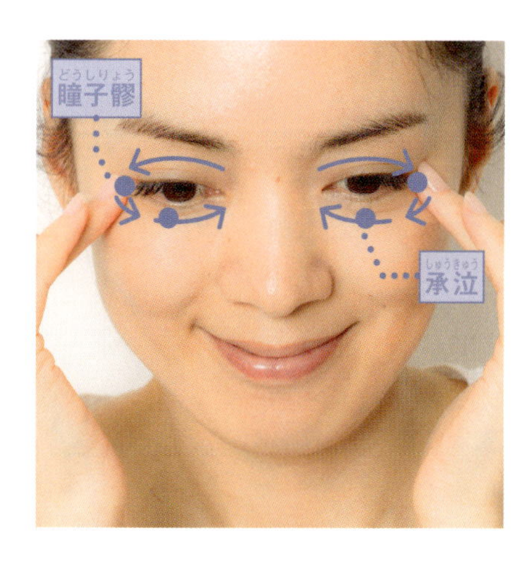

5

乾燥しがちな目元をやさしくマッサージ

目頭からそっと指をすべらせ、まぶた全体に美油液をのばす。そのまま目尻のツボ（瞳子髎）を軽くプッシュ。目尻から目の下へ指をすべらせながら、下まぶた中央にあるツボ（承泣）をやさしく押し、目頭まで美油液をのばす。

6

塗り足りないところに美油液をなじませる

口元、あごなど塗りもれがないかチェックし、足りないところがあれば、美油液をやさしく押さえるようにしてなじませる。

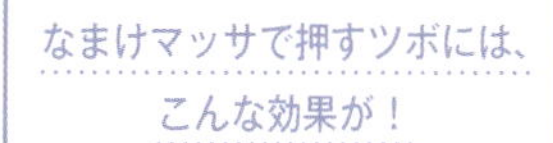

攅竹 目の疲れ、まぶたのむくみ解消

瞳子髎 目尻のシワやクマを目立たなくする

承泣 目の腫れ、クマ、たるみを改善

Trouble…

「1分」だから続けられる！

お悩み別1分スキンケア

シミ、しわ、くすみ、毛穴……。気になる肌の悩みを根本から解消するには、継続的なケアが必要不可欠です。これから紹介する「お悩み別1分スキンケア」は、たった1分でできるもの、スキンケアの流れの中でできるものなので、ズボラさんでも続けられるはず。基本のスキンケアにプラスして、ぜひ実践してください。

【 しわとたるみは、別のケアが必要！ 】

実は原因が異なるしわとたるみ。それぞれ、別のケアが必要です。

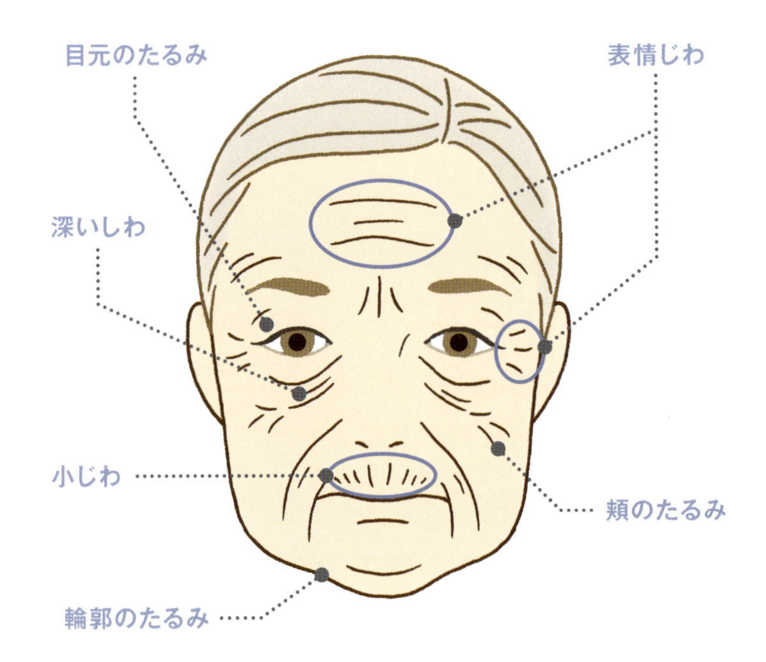

【 たるみ 】

たるみは、表情筋が衰えて脂肪を支えきれなくなることによって発生します。表情筋を動かすエクササイズや、マッサージをケアに取り入れましょう。

対策は ▶▶ P60~63

【 しわ 】

しわの原因は、乾燥、表情筋の硬直、肌内部の弾力不足の大きく3つにわけられます。しわの種類によって、さらに対応が分かれるので、種類に合ったケアを。

対策は ▶▶ P53~55

乾燥肌
対策は
▸▸ P52
シミ
対策は
▸▸ P58
クマ
対策は
▸▸ P66
くすみ
対策は
▸▸ P70
毛穴
対策は
▸▸ P68
唇の縦じわ
対策は
▸▸ P56
首のしわ
対策は
▸▸ P57
ニキビ
対策は
▸▸ P64

Face Map

Trouble...

悩み 1 乾燥肌

乾燥したときこそ1ステップの「押し込み乳液」で油分をたっぷり補う

1

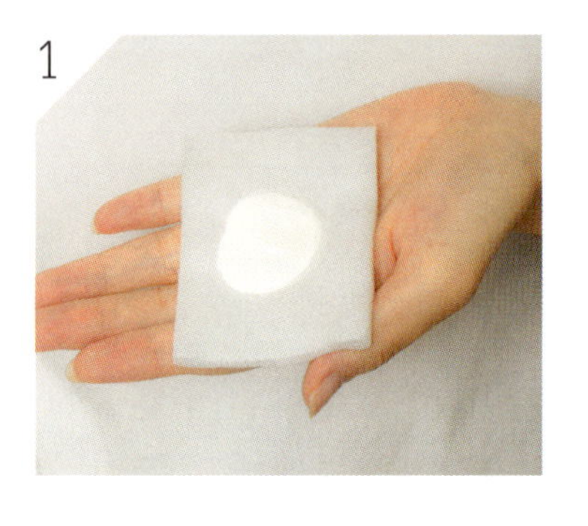

コットンに乳液を出す

コットンに乳液を五百円玉大ほどの大きさで出す（商品ごとの規定量があれば、そちらに合わせる）。量が少ないと摩擦が起きるため、乳液はたっぷりと。

2

あごから頬に乳液を塗る

あごから頬に向かってくるくるとらせんを描きながら、コットンにのせた乳液を肌にやさしく押し込むように塗る。

3

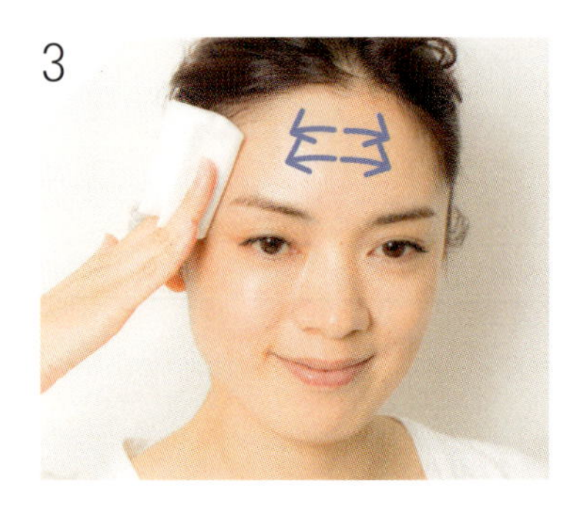

額に塗り広げる

額の中央から外側に向かって、乳液を額に押し込むように塗り広げる。

4

忘れがちなところにも しっかり塗り込む

最後に鼻筋、小鼻のわき、目元、口元をコットンでやさしく押さえる。最後にべたつきが気になるようであれば、手で押さえてなじませる。

Trouble…

悩み2 しわ

一見同じしわに見えても原因は違う！ 種類に合ったお手入れを

▸▸ しわの見分け方 ◂◂

深いしわ

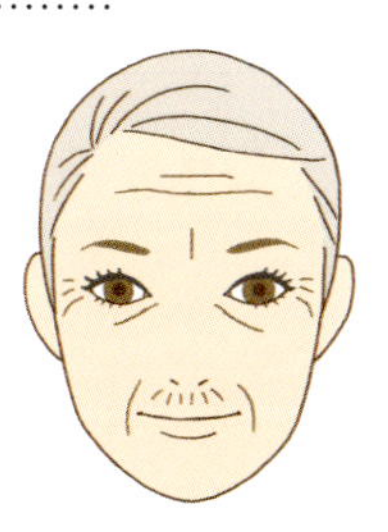

肌内部にある真皮が紫外線や加齢の影響でダメージを受け、弾力が失われることでできるしわ。目尻、眉間、額、口元などにできやすく、深い線で刻まれています。エイジングケアを。

具体的なお手入れは ▸▸ P54

小じわ

目元や口元によくでき、細かく浅く刻まれているしわ。水分が不足し、肌表面が乾燥すると発生し、深いしわに進行してしまうことがあるため、早めの保湿ケアが重要。

具体的なお手入れは ▸▸ P54

重力じわ（たるみ）

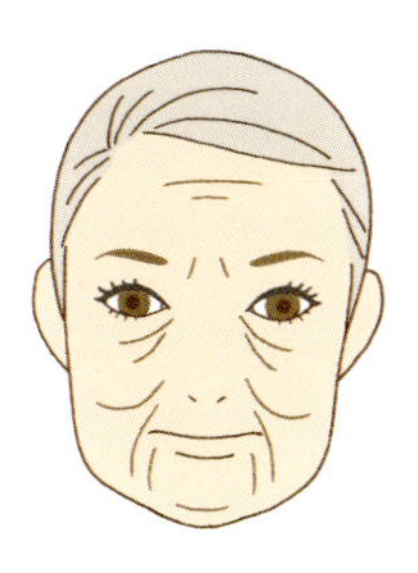

表情筋が衰え脂肪を支えきれなくなり、肌全体がたれさがって起こります。顔全体で起こりますが、特に目立つのがほうれい線やフェイスラインの二重あご。

具体的なお手入れは ▸▸ P60

表情じわ

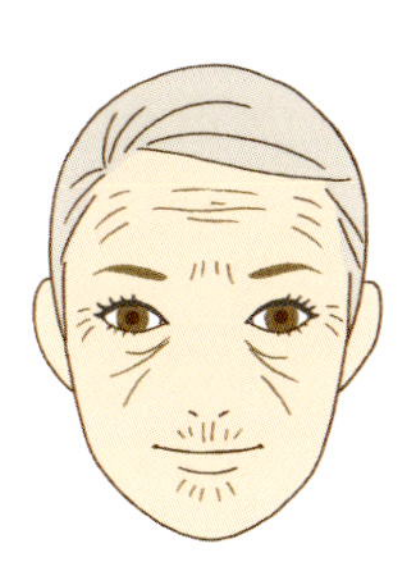

眉間や額のしわ、目元の笑いじわが代表的。顔の筋肉の緊張が原因。何度も同じ表情をすることでできてしまいます。筋肉の緊張をゆるめてあげるケアが重要。

具体的なお手入れは ▸▸ P55

小じわ

美溶液を厚めに点置き

保湿力が高い美容液を指先に規定量より多くとり、気になるところにぽってりと厚めに点置きする。部分的にパックを行うイメージで。目元は皮膚が薄いのでこすったりひっぱったりしないこと。

こんな美容成分が入った美容液がオススメ！

セラミド・コラーゲン・ヒアルロン酸など

深いしわ

1

2本指で、しわをピンとのばす

しわを挟み込むように人差し指と中指を肌の上におき、2本の指でしわ部分のたるんだ肌をピンとのばす。

2

指の腹でしわにそって美容液を塗り広げる

エイジングケア美容液を指先に規定量とり、しわにそってやさしく塗っていく。

こんな美容成分が入った美容液がオススメ！

レチノール・ペプチド・幹細胞培養エキスなど

表情じわ

基本のやり方

表情じわには、固まった筋肉をほぐすマッサージが有効。美容液を規定量とり、指の腹を使ってしわの上に塗ったら、それぞれのしわに対して垂直に指を動かしてマッサージし、筋肉のこわばりをゆるめる。

>> *眉間にできた表情じわなら…*

眉間でS字を描くようにマッサージ

両手の薬指で上から下へ、下から上へ、しわをまたぎながらS字を描くように5回動かしてやさしくマッサージ。

>> *おでこにできた表情じわなら…*

下から上へ引き上げるようにマッサージ

両手の指をしわに対して垂直に下から上へと動かし、おでこ全体を5回マッサージ。

>> *目尻にできた表情じわなら…*

しわをまたぐようにマッサージ

片方の手でしわを開いてのばし、しわをまたぐように薬指を5回動かしてマッサージ。

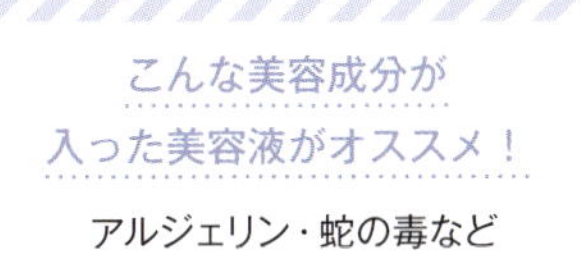
こんな美容成分が
入った美容液がオススメ！

アルジェリン・蛇の毒など

Trouble...

悩み3 唇の縦じわ

「はちみつワセリンパック」で縦じわ1つないぷっくり唇が実現！

1

はちみつとワセリンを 1：1で混ぜ合わせて塗る

あずき大のはちみつと同量のワセリンを手のひらにとり、混ぜる。しっかり混ざったら、指先を使って唇の中央から口角に向けてやさしく塗る。

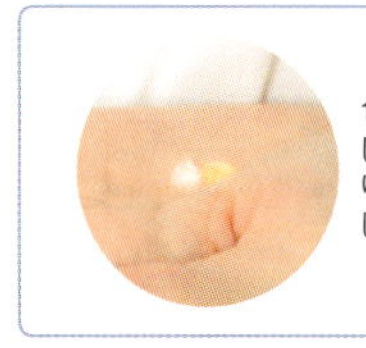

1：1を出してしっかり混ぜましょう。

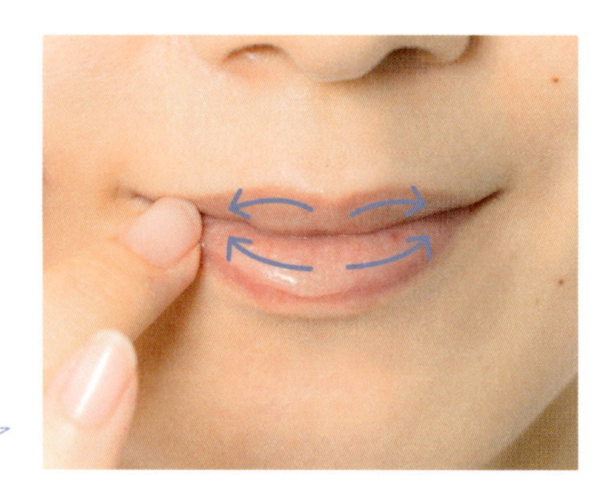

2

くるくるマッサージで 塗り広げる

唇の中心から外側に向けて、円を描くようにくるくるとやさしくマッサージしながら塗り広げる。

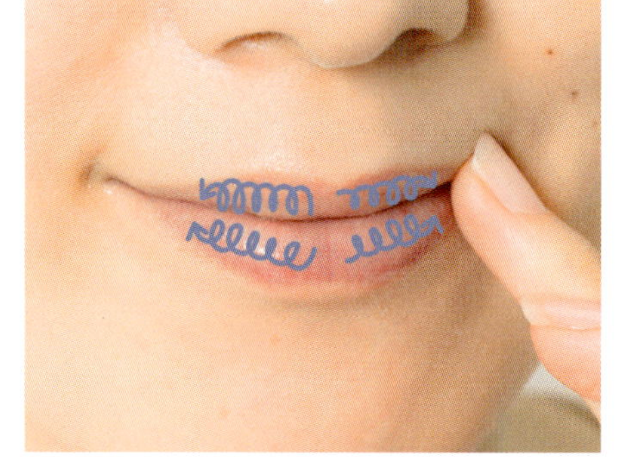

3

上下の唇をそれぞれ ラップで覆う

上唇、下唇に合わせてカットしたラップを用意し、それぞれラップで覆う。1分ほどパックしたらラップをはずす。メイクをする場合は軽くティッシュオフする。

point!

寝る前であれば、オフせずに塗ったまま寝てしまってOK!

Trouble...

悩み4 首のしわ

うるおいを与えながらリンパを流してスッキリした首元に！

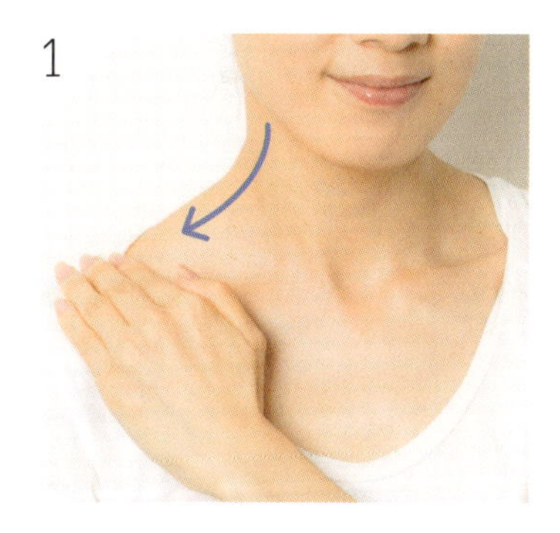

1

首から鎖骨に向けて リンパをしっかり押し流す

美油液を顔全体に塗り終わったら、右耳の後ろに左手の手のひらをあて、手のひらに残った美油液をのばしながら首から鎖骨に向けて手を動かしリンパを押し流す。

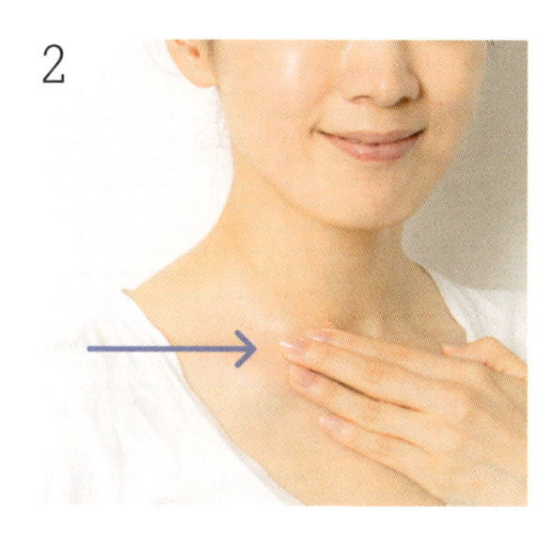

2

肩から鎖骨の中央までを やさしく流す

左手の指の腹を肩先にあて、鎖骨の中央に向かって鎖骨の上のくぼみをやさしく流す。

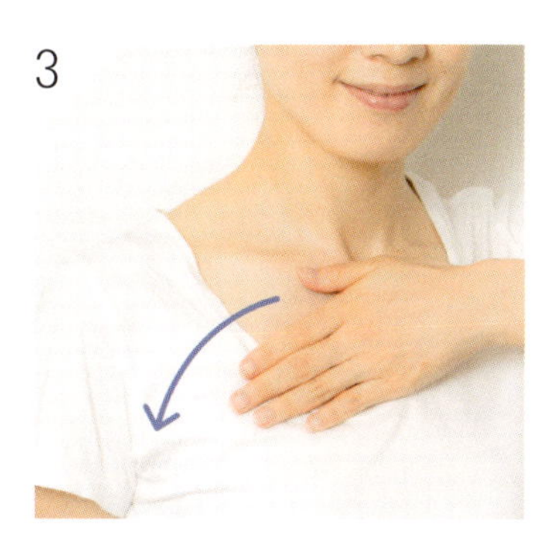

3

脇の下のリンパ節に リンパを流す

鎖骨中央から脇の下のリンパ節に向かって、リンパを流し込むようにさする。左側も同様に行う。左右1回ずつを1セットとし、5セット行う。

より効果を出すために……

首のしわとり体操

真上を見るように頭を後ろに倒し、首をピンとのばす。その状態のまま、舌を天井に向けて突き出して5秒間キープ。これを3回くりかえす。

Trouble...

悩み5 シミ

シミをなくすカギは「成分選び」と「浸透」テクにある！

シミの種類に合わせてアイテムを選んで

老人性色素斑

頬骨の高い位置にできやすい丸いシミ。ほくろぐらいのサイズから数センチサイズまで、大きさはさまざまで、だんだん濃くなってくるのが特徴です。紫外線や肌老化が原因。

これで解消！

美白美容液

オススメの成分
▼▼
ビタミンC誘導体（APPS）など

肝斑

顔全体にできるが、頬骨あたりに左右対称にできることが多いシミ。薄い場合も、濃いめの場合もあり、主な原因はホルモンバランスの崩れや紫外線。

これで解消！

サプリメント＆美白美容液

オススメの成分
▼▼
トラネキサム酸など

肝斑に刺激はNG！

肝斑は刺激すればするほど濃くなりやすいので、
とにかくこすらないよう気をつけましょう。

▸▸ シミに効果的な美容液の塗り方 ◂◂

1

気になるところに やさしく美容液をなじまる

それぞれのシミに合った美白美容液を指先に規定量とり、気になるところに指の腹を使ってやさしくなじませるように塗っていく。

2

ハンドプレスして 美容液を重ね塗り

両手のひらを10回ほどこすり合わせて温め、美容液を塗った部分にそっとおく。そのまま5秒キープ。しっかりハンドプレスしたら、同じ場所に美容液をもう１度塗り、再度ハンドプレス。重ね塗りで美白効果がアップ。

美白美容液の効果をより高める2つの準備

2 お風呂

お風呂で温まった後は、肌がやわらかく血行がよくなっているので、成分が浸透しやすくなります。ホットタオル後もオススメです。

1 ピーリング

肌の余計な角質を取り除いてから美容液を塗れば、ぐんぐん浸透します。ただし、肌に必要なものまで奪い去ることがあるので、週１回以下に。

Trouble...

悩み6 たるみ

たるみは「パー・グー・チョキケア」で撃退する！

目元 グーの手を使った「眼筋エクサ」でハリのある目元に

1

両手をグーにしておでこにあて目を強く閉じる

たるみケア用美容液を顔全体に塗り終えたら、両手をグーにして、おでこに強くあて、目をぎゅっと閉じる。

2

目を開けて閉じてをくりかえす

おでこを動かさないようにしてまぶたの力だけで目を大きく開ける。1秒ほど開けた状態をキープしたら、再びぎゅっと目を閉じる。閉じて開けてを1セットとし、5セット行う。

point!

目の筋肉が衰えると、おでこの筋肉を使ってまばたきをするようになり、おでこに表情じわができやすくなります。目まわりをきたえてたるみケアを。

頬 パーの指でしわを刺激し、劇的リフトアップ

1

2本指でたるみをのばし、美容液をなじませる

2本指でたるんだ肌をのばす。たるみケア用美容液を指先に規定量とり、気になるところに、指の腹でやさしく塗る。

2

パーの手で、たるんだ肌を軽く叩く

美容液を塗り終わったら、たるんだ肌をピンとのばした状態のまま、指の腹を使って肌をやさしく叩き、美容液を浸透させる。ピアノの鍵盤を叩くように、リズムよく指を動かして。

point!

ピアノ叩きはあくまでやさしく行いましょう。
強い刺激はNG。

輪郭 チョキではさみうちして、ぼやけたフェイスラインを解消！

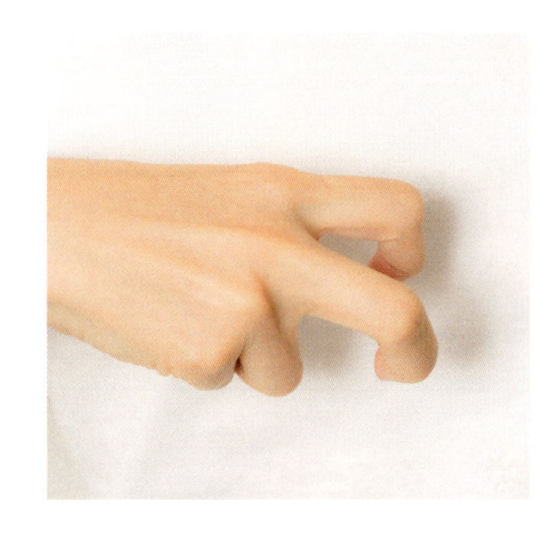

1

チョキの指をまるめる

たるみケア用美容液を顔全体に塗り終えたら、両手でチョキをつくり、指をグッとまるめる。

2

フェイスラインを チョキの手ではさむ

1の状態の両手の人差し指をあごの下に、中指をフェイスラインにそえるようにして、フェイスラインの骨と肉を軽くはさむ。

3

あごの下から耳の下まで 両手を動かす

あごの下から両耳の下まで、そのまま滑らせるようにして、両手を動かしフェイスラインをリフトアップ。これを３回くりかえす。

たるみ改善＼＼エクササイズ／／

たるみの解消には老廃物の代謝や、筋肉の強化が必要不可欠。そこでスキンケアと平行して、「たるみ改善エクササイズ」を行いましょう。どれも1分未満ででき、効果もバツグンです。

▸▸「舌アイロン」で、ほうれい線を撃退◂◂

ほうれい線をなぞるように舌先を下から上へ動かす

口をしっかり閉じ、ほうれい線がはじまる口の斜め下あたりに舌先をあてる。ほうれい線を内側からのばすように、舌先を下から上へ動かす。反対側も同様に行う。左右１セットとし、３セット行う。

point!

歯みがきをするときに、歯ブラシの背を使って行ってもOK！マリオネットラインにも同様のケアが効果的。

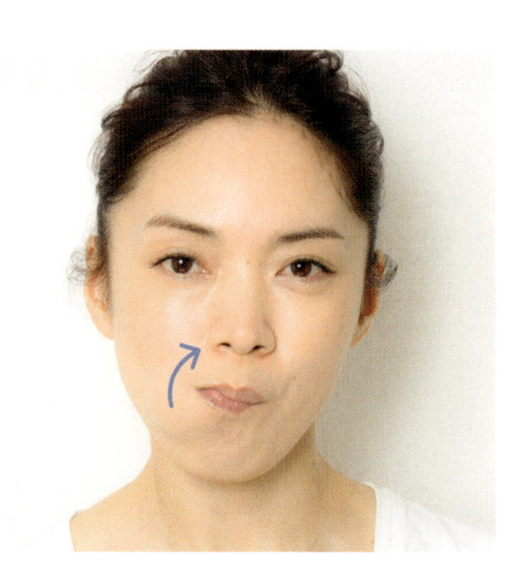

▸▸口元のしわ消しに効果テキメン！「ぷっくりほっぺ」◂◂

片側の頬をふくらませて、10秒間キープ

右頬に思い切り空気を入れて、ほっぺをふくらませる。10秒間その状態をキープ。左頬も同様に10秒間キープ。右頬、左頬で1セットとし、3セット行う。

▸▸「た・ち・つ・て・と」で、頬全体をリフトアップ ◂◂

口角を高くして「た・ち・つ・て・と」

笑ったときのように口角を高くして、「た・ち・つ・て・と」を３回くりかえす。小鼻横、頬の筋肉をしっかり意識して行う。

▸▸「ひょっとこ顔ずらし」で、口角を上げる！ ◂◂

1

唇を前に思い切り突き出す

口を「う」の形にして、唇を思い切り前に突き出す。

2

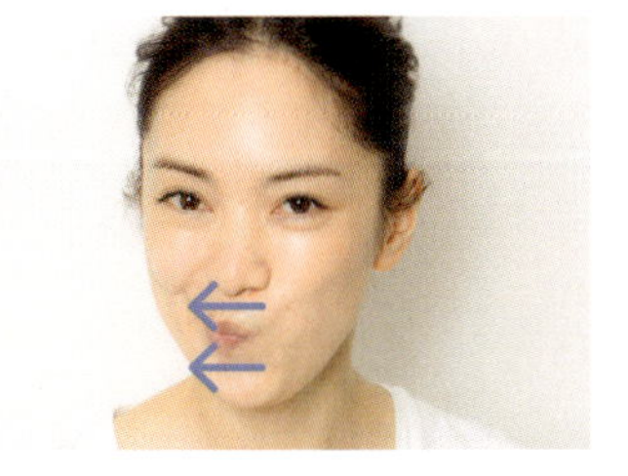

左右に思い切り動かす

1の状態のまま、口を平行に思い切り右に動かして、顔の下半分の筋肉を動かす。左側も同様に行う。左右1回を１セットとし、３セット行う。

▸▸引き締まった口元になる「ぐるぐるプレス」◂◂

歯茎にそって舌先を回す

口をしっかり閉じた状態で、舌先を歯茎の表側にそって右回りにぐるっと回す。右回りを３回、左回りを３回行う。

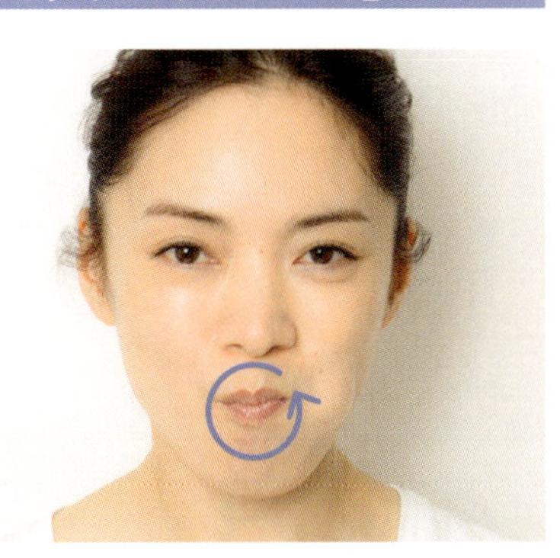

Trouble...

悩み❼ ニキビ

「石けんの使い分け」と「ポイント洗顔」で撃退！

▸▸ニキビの種類にあった「石けん」を使って洗顔を！◂◂

大人ニキビ

睡眠不足、不規則な生活、ストレスなどで免疫力が低下したり、肌が乾燥することで起こるニキビ。

▸▸保湿力が高い「透明石けん」を使って。汚れを落としながらも、肌のうるおいを奪いすぎずに洗顔できます。

スキンケアアイテムを、肌の炎症を抑え保湿もできる「大人ニキビ用化粧品」に切り替えるのもオススメ。

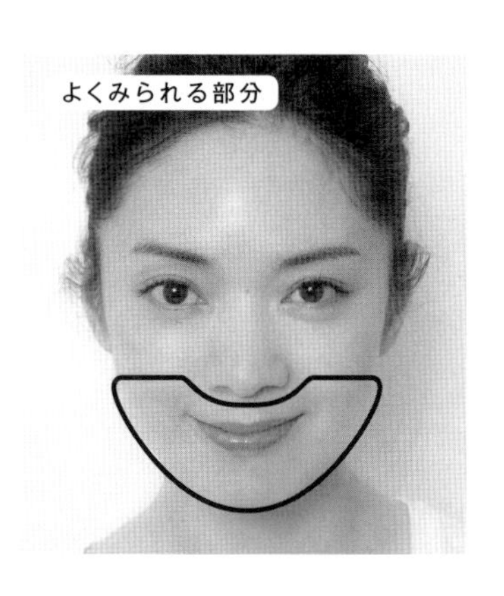

思春期ニキビ

オイリー肌の人によく見られ、皮脂が多い春～夏にかけてよくできるニキビ。思春期にできやすいものですが、皮脂過多の人は大人になってからもできます。

▸▸洗浄力が高い「不透明石けん」や「酵素洗顔料」を使って。ニキビの原因になるつまりや角栓をしっかり取って洗顔できます。

スキンケアアイテムに、炎症を抑え、過剰な皮脂や厚くなった角質をとりのぞく効果がある思春期ニキビ用化粧品やニキビ用治療薬を取り入れるのもよいでしょう。

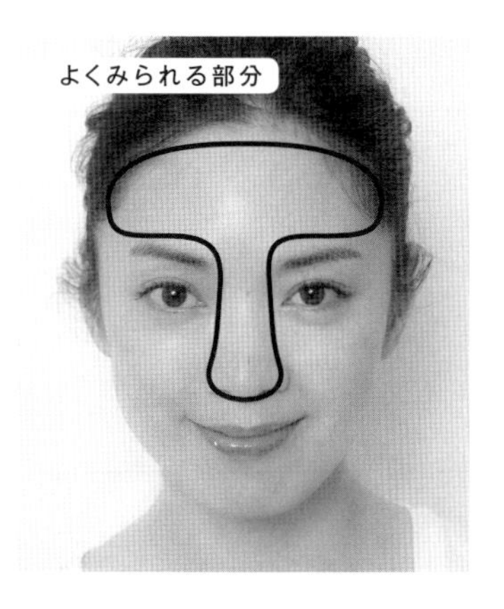

ニキビには石けんがオススメ！

しっかり洗いたいニキビのケアの洗顔には、石けんを使いましょう。洗顔フォームは、成分に油分が多く入っているものが多いので、ニキビ対策には向かないことも。洗顔フォームは乾燥肌の人向けです。

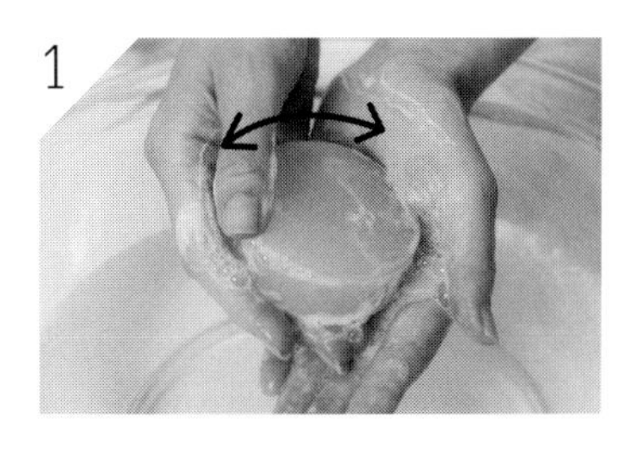

1

石けんを手の上でしっかり転がす

水で軽く濡らした手のひらの上で、石けんを５～６回転がす。

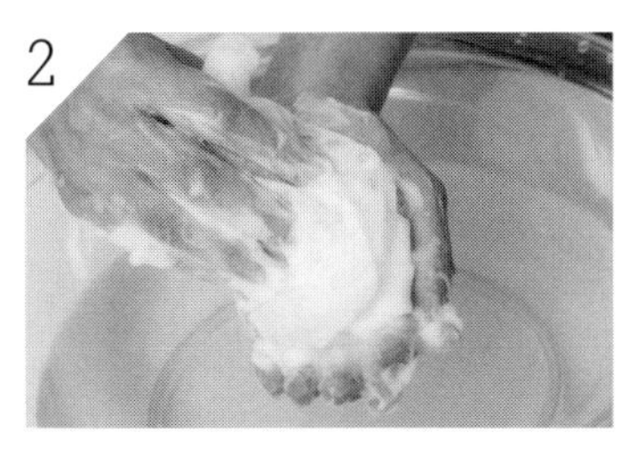

2

手のひらについた石けんだけで泡をつくる

手のひらに石けんがついている状態で泡立てネットを両手でこすり、泡をつくる。泡だちが悪ければ、途中で少量の水を加えて。

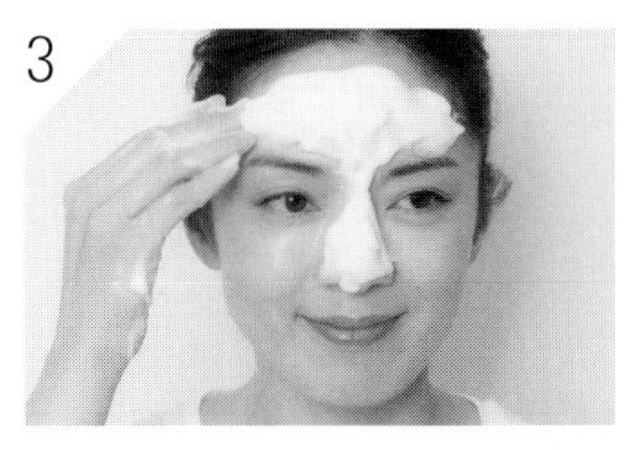

3

泡をTゾーンやニキビがある部分にのせる

片手の手のひらに軽くのる程度の泡ができたら、額から鼻筋までのTゾーンやニキビのある部分にポンポンとのせる。

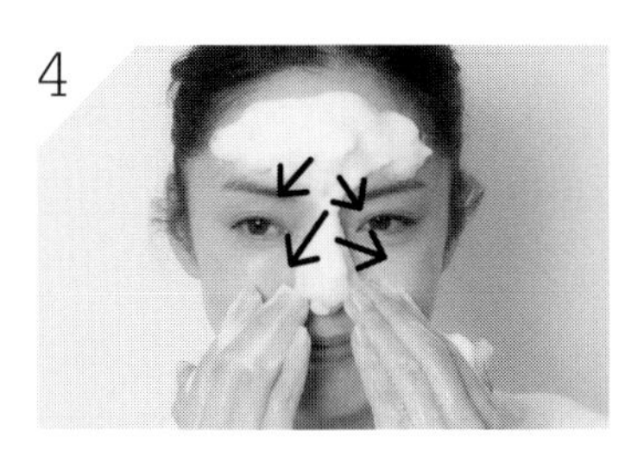

4

顔全体に泡をなじませ、のばす

ニキビをこすらないように泡をころがしながら、顔全体にのばしていきわたらせる。

5

泡をしっかりすすぎきる

顔全体に行きわたった泡をしっかりすすぐ。すすぎは手が肌にふれてこすることがないようにしっかり30回行うこと。洗い残しがあると、ニキビが悪化することも。

石けんはネットに入れて泡立てない！

石けんをネットに入れて泡立てると、石けんを削りすぎてしまうことになり、肌が乾燥しやすくなるなど、肌への負担が大きくなることがわかっています。

Trouble...

悩み❽ クマ

クマの2大原因は血行不良と眼輪筋の衰え！ タイプに合わせたケアを

青クマ・黒クマ、それぞれの原因とケアを知ろう

青クマ >> 目元の血管の血行不良で起こる青クマは、美油液を塗ったときに目元をやさしく温め、マッサージしましょう。睡眠をよくとる、お風呂で体を温めるなどの生活改善も重要です。

黒クマ >> 眼輪筋とは眼のまわりをぐるりと囲む筋肉のこと。肌の弾力低下や眼輪筋の衰えが原因で起こる黒クマは、スキンケア時の眼輪筋トレーニングを日課にしましょう。エイジングケア美容液を塗るのも効果的。むくみでより目立つクマなので、日々のむくみ対策も心掛けること。

※詳しくは36ページへ！

どちらでもないときは…… 茶クマの可能性が

色素沈着やシミで目元が茶色くなるのが、茶クマ。シミ(58ページ）と同様に美白化粧品による美白ケアを行って。摩擦でも色素沈着が起こるので、洗顔時はやさしく泡をころがすように心がけましょう。

青クマ

両手を左右の目にあてて10秒間キープ

美油液を顔全体に塗った後、両手のひらを10回ほどこすり合わせて温め、手のひらのふちを目の下にそわせるようにして、そっと両目にあてる。10秒間キープしたら、両手をそれぞれ目尻側に少しずつ動かしながら、目の下数か所を同様に10秒ずつプッシュする。

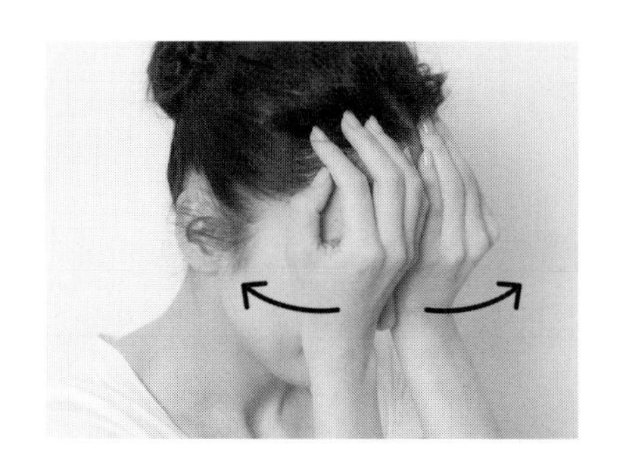

ペットボトルで、目元のあたためを簡単に！

温かい飲み物が入ったペットボトルの底を目の下のクマにそっとあて、そのまま5秒間キープ。反対側の目も同様に行う。目元をじんわりとあたためられる。

※必ずホットドリンク用ペットボトルで行うこと。アルミ缶・スチール缶・コールド用ペットボトルにお湯を入れて行うのは危険なのでやめましょう。

黒クマ

眼輪筋トレーニング

1

黒目ぐるぐる回転

目をぱっちりと大きく開き、顔は動かさないようにして左右の黒目を右回りに１回転させる。同様に左回りも行う。左右1セットとし、3セット行う。

2

より目キープ

顔から10cmほどのところに人差し指を立て、両方の目で人差し指をしっかり見て、より目をつくる。この状態を10秒キープ。

3

思い切り横目エクササイズ

顔の真横に人差し指を立て、顔は動かさずに両目で人差し指をしっかり見る。この状態を10秒キープ。同様にして反対側も行う。右、左を１セットとし、2セット行う。

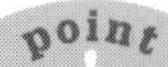

point!

指を左から右へ、右から左へ動かし、その指を目線で追うと目が動かしやすくなります。

Trouble...

悩み❾ 毛穴

同じ毛穴でも原因によって対策は正反対！ 種類別ケアで毛穴レス肌に

▸▸ まずは毛穴の種類を見極めて ◂◂

たるみ毛穴	>>	加齢・乾燥などによって肌のハリ・弾力がなくなり、毛穴がたるむたるみ毛穴には、エイジングケアに効く保湿力の高い美容液が効果的です。
つまり毛穴 ひらき毛穴	>>	過剰な皮脂により開いてしまったひらき毛穴や、皮脂と角質などが混ざり合ってできるつまり毛穴は、クレンジングで汚れをしっかりとるのが重要です。

※詳しくは 34 ページへ！

たるみ毛穴

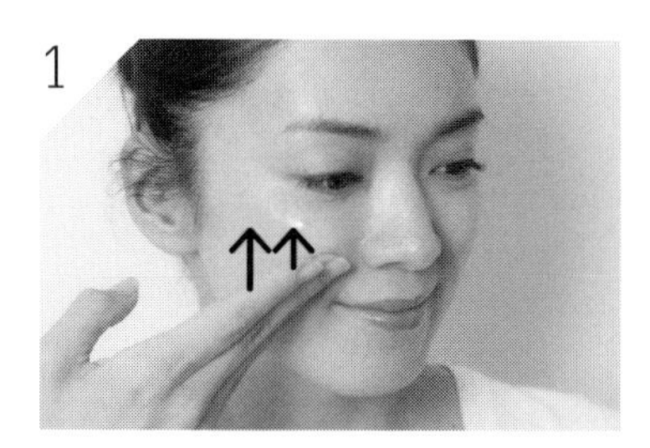

1

たるんだ毛穴を引き上げるように美容液を塗る

エイジングケアができる美容液を指先に米粒大とり、毛穴に対して下から上に引き上げるように塗り広げる。

2

美容液の上にクリームを塗る

保湿力の高いクリームを美容液の上から塗り重ねる。クリームでしっかりふたをするイメージで、厚めに塗って。

たるみ毛穴は「収れん化粧水」を使わずにケアを！

ひらき毛穴に「収れん化粧水」を使うのは効果的ですが、
加齢や乾燥が原因のたるみ毛穴の人が使うと、肌の乾燥が進むことも。

1

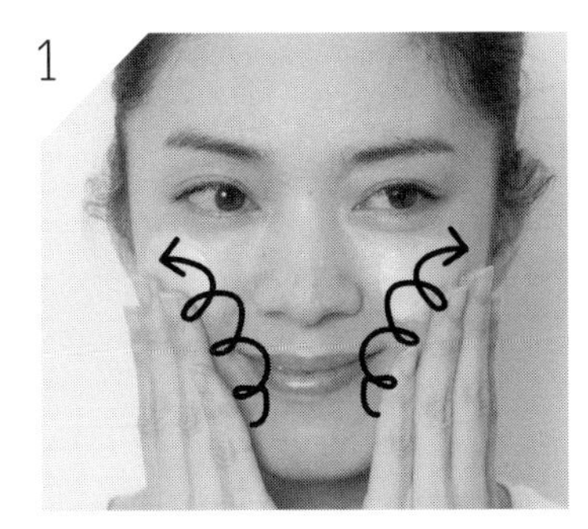

Tゾーン以外を
クレンジングクリームでメイクオフ

手のひらをこすり合わせて温めたクレンジングクリームを、手のひら全体を使って顔全体にさっとのばす。

2

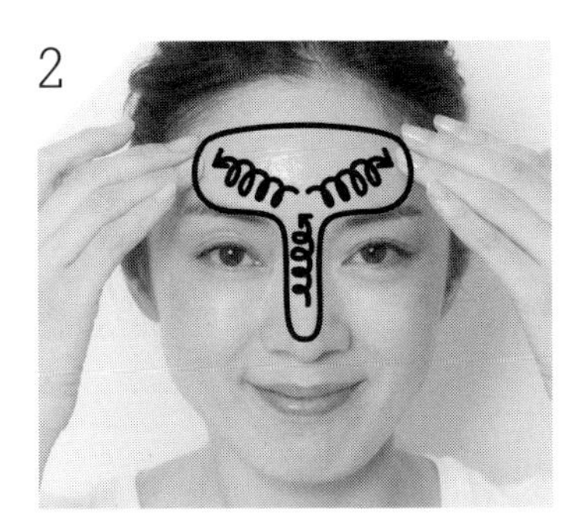

Tゾーンに
クレンジングオイルをなじませる

額から鼻筋までのTゾーンにクレンジングオイルを規定量のせ、指先を使ってくるくるとやさしくなじませる。

3

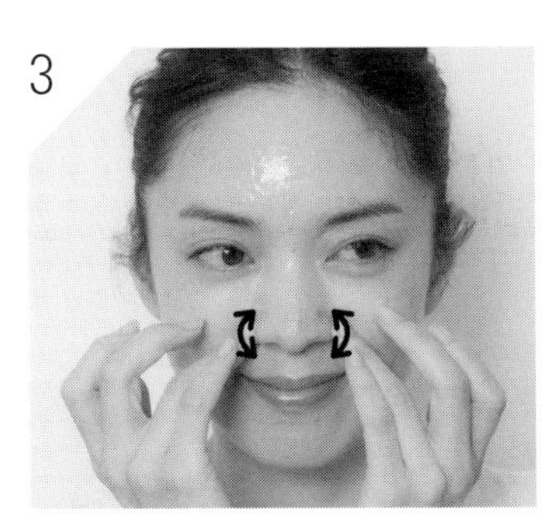

鼻の毛穴につまった皮脂を
しっかりとる

毛穴につまった皮脂を溶かし出して浮かせるよう、薬指の腹を小鼻のわきにあて、上下に３往復させる。次にそれぞれのクレンジング剤をなじませながら広げたら、ぬるま湯で洗い流す。

point
!
クレンジングオイルは肌の刺激に！Ｔゾーン以外は、長々とつけずにさっと洗い流すことで肌のうるおいが守れます。

4

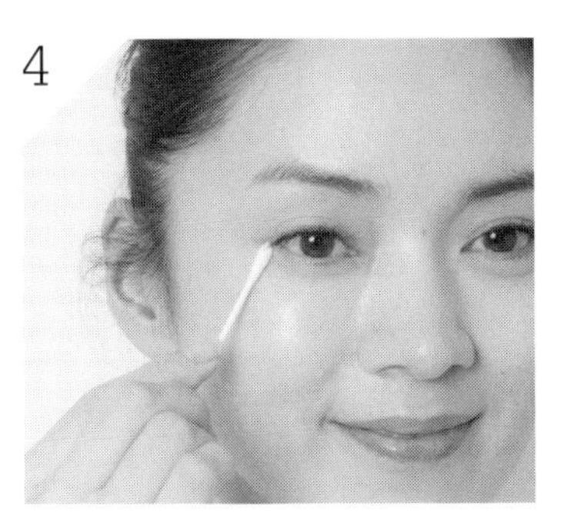

残ったメイクを
美容オイルでふきとる

完全に落ち切っていないメイクがあれば、綿棒に乳液やオイル美容液を１滴つけてやさしくふきとって。

メイクアイテムはクレンジング剤でなくても油分でふきとれば落ちます。過度に2度クレンジングをして肌をいためないように！

Trouble...

悩み⑩ くすみ

根本原因にアプローチして、見た目「マイナス5歳肌」を実現！

▸▸ 角質肥厚型、血行不良型、あなたのくすみはどっち？ ◂◂

【 灰色がかった顔色 】【 肌がごわつく 】【 化粧品の浸透が悪い 】

>> こんな特徴があったら… **角質肥厚（ひこう）型のくすみ**

原因

なんらかの原因で肌の生まれ変わりの周期が遅れると、肌の表面の角質がはがれ落ちずに溜まってしまい、肌がくすみます。

お手入れ

古い角質をとり、肌のターンオーバーを整えることができる酵素洗顔でのケアがオススメ。ピーリング、ふきとり化粧水でも余分な角質をとりのぞくことができます。どれも週１回程度で取り入れましょう。

効果的な酵素洗顔料はこう選ぶ！

酵素洗顔料で多いのは、たんぱく質分解酵素のプロテーゼだけが入っているものですが、汚れを根こそぎ落としてくれるのは、脂質分解酵素のリパーゼ。2つの酵素が入ったものを選びましょう。ただし、リパーゼ入りのものは肌を乾燥させるので、保湿もしっかり行うこと。

【 顔色が青黒い 】【 血色が悪い 】【 クマが目立つ 】

>> こんな特徴があったら… **血行不良型のくすみ**

原因

疲労や睡眠不足、冷えなどで血行が悪くなり、肌がくすみます。

お手入れ

スキンケア時に蒸しタオルで顔の血行をよくするケアを行いましょう。また、血行不良は顔だけでなく、体全体に原因があることがほとんどなので、運動を意識的に行うなど、生活習慣を見直して血行を改善することも重要。

黄色っぽく顔全体がくすむときは……

紫外線によるメラニン増加や糖化が主な原因。スキンケアでは、
シミ（58ページ）と同様美白ケアを重視しましょう。

血行不良型のくすみ

1

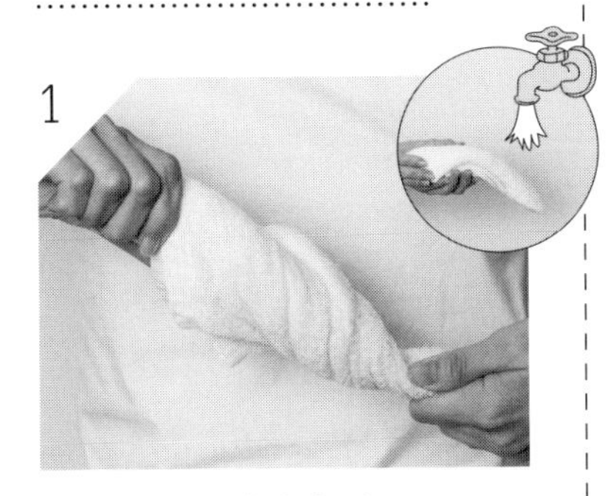

ハンドタオルに
お湯をしみこませ固めに絞る

ハンドタオルを四つ折りにして、折ったタオルの四隅があつまったほうを持ち、水道の蛇口から42度程度の熱すぎないお湯を出して、ハンドタオルの中心にしみこませ、固めに絞る。四隅は乾いた蒸しタオルができるので、髪も濡れず、メイク前にも使える。

point !

熱すぎるお湯だと、やけどの危険があります。タオルを濡らす前に、お湯が熱すぎないか確認しましょう。

2

蒸しタオルを顔にのせ、
やさしくハンドプレスする

顔全体を覆うように蒸しタオルをやさしくのせる。その状態で、蒸しタオルの上から両頬やあご、額をやさしく10秒ほどハンドプレスする。

角質肥厚型のくすみ

1

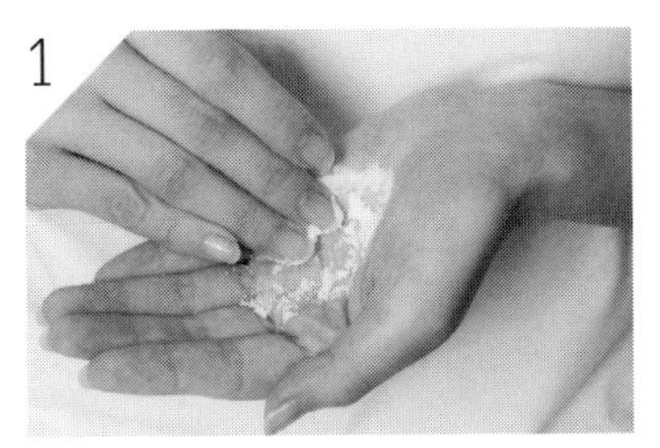

酵素洗顔料に水を
手早くなじませる

水で軽く濡らした手のひらの上に酵素洗顔料を規定量とり、水を少量加えて洗顔料と手早くなじませる。

2

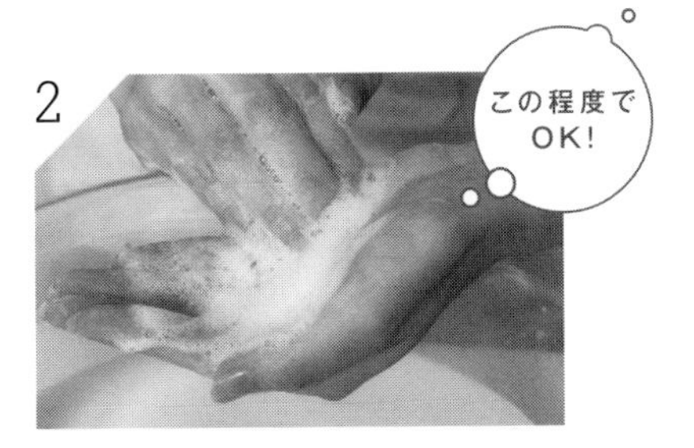

短時間で泡立てる

酵素の効果がなくならないように粉っぽさがなくなるまで短時間で泡立てる。

3

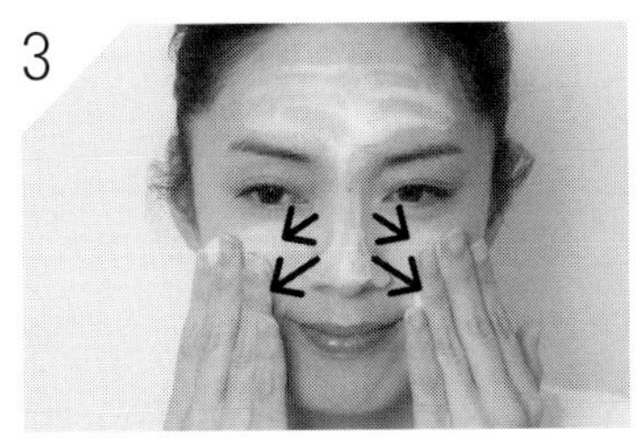

泡を顔になじませ、
さっと洗い流す

泡立てた洗顔料をTゾーンにのせ、Tゾーンにのせた泡を顔全体にさっと広げたら、肌に酵素を浸透させるように泡をしっかりなじませる。洗顔料が顔になじんだら、流水で泡をしっかり洗い流す。

Column2

「コラーゲンを食べてお肌ぷるぷる」は本当!?

ハリのある美肌をつくるのに欠かせないとされる「コラーゲン」。
内側からキレイになりたい！ という思いから、コラーゲンサプリやドリンク、
コラーゲン入り鍋を食べたことがある方もいるのでは？
コラーゲンの美肌効果が叫ばれ出した当初は、
「食べ物としてコラーゲンを摂取しても、消化酵素の働きで“アミノ酸”に
分解されて、筋肉などの細胞組織をつくるために使われてしまうため、
肌にはほとんど影響がない」という見方が主流だったのです。
「コラーゲンを食べても、肌はぷるぷるにならない」という記事を見て、
肩を落とした方も少なくないでしょう。しかし、最近の研究によって、
「コラーゲンを摂取することによる美肌効果」が 期待されています。
コラーゲンは摂取後にアミノ酸に分解されますが、
その一部はアミノ酸が２個つながった「ジペプチド」、または３個つながった
「トリペプチド」としても、体内に吸収されることがわかったのです。
ジペプチドやトリペプチドには、肌の真皮細胞を増やしたり
活性化させる効果があるため、結果としてコラーゲンやエラスチンなど、
肌のハリを保つための組織をつくり出すことにつながります。
つまり、食べたコラーゲンがそのままコラーゲンとして
吸収されるわけではないものの、
コラーゲンが分解されてできたペプチドが、
肌の細胞に働きかけてコラーゲンをつくってくれるのです。
まだ最終的な結論には至っていませんが、コラーゲンが体をつくる
アミノ酸となるのは確実なので、美肌にも期待をしつつ、
積極的にコラーゲンを摂るように心掛けましょう。

1minute beauty

最短の時間で体を変える「1分美容習慣」

「メイクやスキンケアは時短でもよさそうだけど、スタイルをよくしたり、
体の内側からキレイになるには手間や時間が必要なのでは……」
そう思っている方も、いるかもしれません。
実は、体形を整えたり、体の中からキレイになるのにも
余計な時間は必要ありません。日々の暮らしの中でやっていることを
ちょっと変える、簡単なエクササイズを日課にする──。
たったこれだけで体は大きく変わります。
小さなことでも積み重ねることが重要なのです。
私が毎日の生活の中で実践している「1分美容習慣」をご紹介します。

肩の上げ下げ体操で、「上半身デブ」を一気に改善!

「肩の体操が、どうして上半身デブの改善にもなるの?」その秘密は〝筋膜〟にあります。筋膜とは、体の筋肉、臓器などを網目状に覆っている膜のこと。ボディスーツのように全身を所定の位置に固定する役割を持っていて、〝第二の骨格〟ともいわれています。

肩や首のコリは、長時間同じ姿勢でいることで筋膜がねじれて、本来とは違った形で固まってしまうことで起こります。

筋膜のねじれを放置したままだと首から肩にかけてのラインがぽっこりともり上がり、顔が大きく見えたり、首が短く見えるなど、上半身デブにもつながります。

いくらマッサージなどで筋肉だけをほぐしても、根本のねじれを解決しなければすぐに元通りになってしまうので、筋膜をほぐして元の位置に戻すことが大切。1日1回、1分でできる肩の上げ下げ体操を行い、上半身デブを改善しましょう。

むくみがとれて、首から肩のラインがスッキリ！

肩の上げ下げ体操

1

肩甲骨を引き離すイメージで、両肩を斜め前に45度ほど引き上げ、その状態を5秒間キープ。その後、ストンと力を抜いて首が長くなるイメージで肩を落とす。

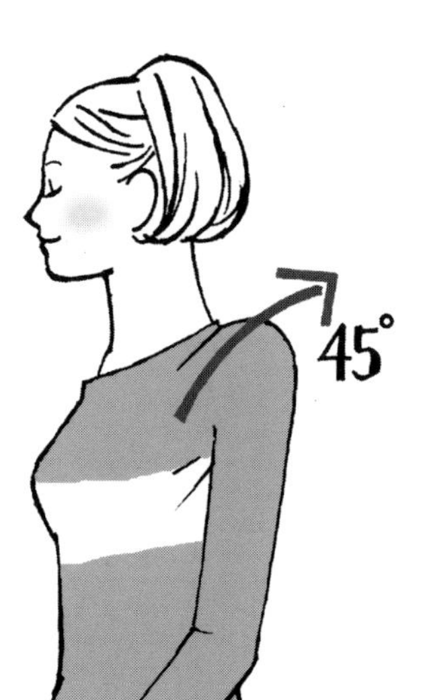

2

今度は肩甲骨をくっつけるイメージで、両肩を斜め後ろに45度ほど引き上げる。こちらも5秒間キープし、肩を落とす。【1】と交互にそれぞれ5回ずつくりかえす。

腰の疲れと硬さをとって、「下半身デブ」とサヨウナラ

「どんなにダイエットをしても下半身だけが痩せない……」張った太もも、垂れたお尻など下半身のお悩みは、姿勢の悪さが原因かもしれません。

姿勢が悪いと骨盤が傾いてしまい、お腹がぽっこり出た状態になってしまいます。

また、骨盤のまわりに脂肪がつきやすくなったり、むくんでお尻が大きくなってしまうことも……。

さらに、腰にも負担がかかるので腰痛の原因にもなります。

姿勢が悪い人、猫背がクセになっている人は、腰まわりの筋肉がガチガチに固まっていて、腰の疲れも相当溜まっているはず。

まずは、少しずつでもこわばった筋肉をゆるめ、疲れをとることが先決。

毎日ゆるく続けられる2つの体操で、腰の硬さと疲れを緩和し、骨盤の傾きを整えて、下半身デブを解消しましょう。

腰の硬さをほぐして、骨盤を整える
ゴロゴロ体操

仰向けに寝てヒザを両手で抱える。その状態のまま左右交互にゆっくりゴロゴロと動き、腰まわりを刺激する。往復で3回行う。

坐骨まわりの血流改善に効く
ヒザ下ブランコ

仰向けに寝て片足を浮かせ、両手で浮かせた足のヒザを抱える。抱えたヒザ下を上下に動かして、かかとで太ももの裏を軽く15回叩く。反対側も同様に行う。

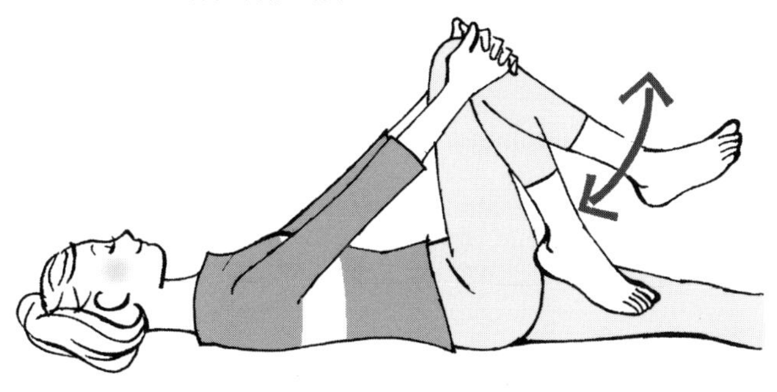

Part3

たった1分の小刻み呼吸法で、ぽっこりお腹がスッキリ！

ダイエットをして体重は減ったのに、ぽっこりとお腹の肉だけが残ってしまったという経験はないでしょうか。年齢とともに代謝が落ちると、脂肪がつきやすい体になり、特にお腹まわりの脂肪が落ちにくくなります。代謝の低下ももちろんですが、実は筋肉の衰えも大きな原因の1つです。

ここでは、そんなお腹まわりの筋肉を簡単に鍛えられる、腹式呼吸を使ったダイエット法をご紹介します。

私たちの呼吸法には胸式呼吸と腹式呼吸の2つがありますが、ダイエットに効果的なのが、小刻みに腹式呼吸をしてお腹の筋肉を動かす小刻み呼吸法。胸や肩、首の筋肉など胸の上側の筋肉を使って肺に空気を取り込む胸式呼吸と違って、胸と腹の間にある横隔膜という筋肉を動かして空気を取り込む腹式呼吸は、お腹のインナーマッスルを鍛えることにつながり、ぽっこりお腹が解消できるのです。

普段の生活では胸式呼吸をしている人が多いので、まずは腹式呼吸のやり方を体におぼえさせるところから始めましょう。

下腹部に手を当ててゆっくりと息を吸います。おへその下あたりに空気を溜めていくイメージで、お腹を膨らませるよう意識してください。十分に息を吸ったら、お腹を凹ませるよう意識しながら、空気をゆっくりと吐きます。呼吸のたびにお腹がしっかり前後するようになれば、腹式呼吸がマスターできた証拠。

腹式呼吸ができるようになったら、吸う・吐くをそれぞれ1秒ずつ小刻みにくりかえします。吸って吐いてを1回、10回1セットとして、1日3セットを目標に行いましょう。

この小刻み呼吸法なら、1分間あれば外出先でも気軽にできるのでオススメです。

胸などの筋肉を使って行う呼吸

胸式呼吸

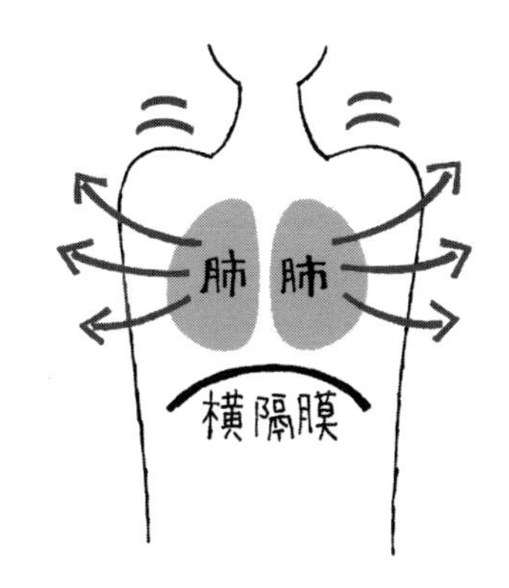

横隔膜を上下させて行う呼吸

腹式呼吸

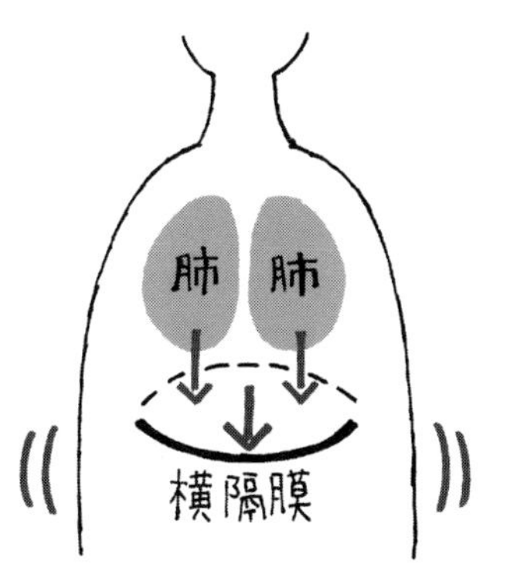

※小刻み呼吸法では、小刻みに10回×3セット行う。

「ながらエクササイズ」で、疲れにくく痩せやすい燃焼ボディを手に入れる

「年齢を重ねるにつれて、なんだか痩せにくくなってきた」「疲れやすくなってきた」そんなお悩みの原因は、代謝の低下にあります。年齢とともに筋肉が衰えて代謝が下がると、脂肪がつきやすく、燃えにくくなるのです。ですが、忙しい毎日を送っていると、運動をするための時間をとるのも難しいですよね。そんなとき私が実践しているのが、外出先のすきま時間を使ってできる「ながらエクササイズ」。

エレベーターに乗っている間にできる「こっそりスクワット」は、体の筋肉の中で一番大きな太ももの筋肉を鍛えることで、効率よく代謝を上げることが可能。電車の中や信号待ちの間にできる「足首まわし」では、凝り固まってむくみがちな股関節と足首を同時にまわすことで、むくみなしのスッキリとした下半身を手に入れることができます。

このように、日常生活の何気ないワンシーンでも、少しずつ運動できる時間を拾っていくことが大切です。気がついたときには、疲れにくく痩せやすい、燃焼ボディへと変わっているはずです。

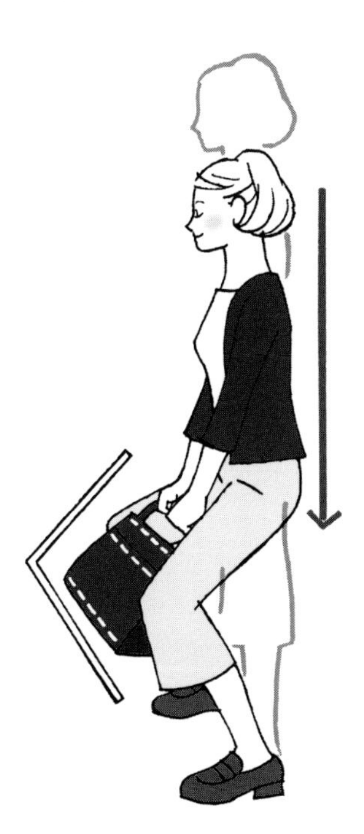

エレベーターの中で、
太ももの筋肉を刺激する

こっそり
スクワット

足を肩幅程度に開き、バッグを両手で持つ。そのままゆっくり、太ももが床と水平になるまで腰を落とす。重心は中央にしたまま、ヒザが前に出ないよう注意して10回くりかえす。バレリーナのようなガニ股で行うと、普段使わない内転筋が鍛えられ、さらに効果的。

電車の中や信号待ちが、
むくみ解消タイムに

足首まわし

立った状態でかかとを起点にし、つま先を外側に開き、ゆっくり元の位置に戻す。骨盤を動かさず、股関節をまわすようにするのがポイント。左右5回ずつ行う。

「食べ方」を少し変えるだけで、太りにくくなる！

ダイエットには、運動だけでなく食事も重要。いくら運動をしていても、食事に気を使っていなければ、体の内側からキレイになることは難しいでしょう。

ここでは、普段の「食べ方」を少し変えるだけでできるダイエット法をお伝えします。手間や時間をとらずに、しかも満腹感が得られるこの方法を、ぜひ試してみてくださいね。

①1口に対して、10〜30回噛む

1口に対して「10〜30回」噛んで食べると、満腹感を感じられるので食べすぎを予防できますし、噛むことで表情筋が鍛えられ、小顔効果も期待できます。

ただ、30回以上噛むとあごの筋肉が鍛えられ、顔が大きく見えてしまう可能性も。30回以下を守るようにしましょう。

**無理なダイエットは禁物！
痩せ気味は太り気味より死亡率が高い！**

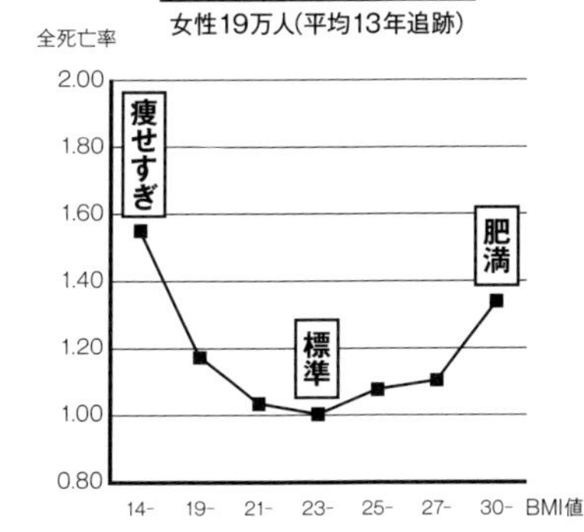

痩せすぎると、実は寿命に悪影響があり、最近の統計で、痩せすぎの人は肥満の人よりも寿命が短くなるということがわかりました。

BMI＝体重（kg）÷（身長（m）×身長（m））

出典：国立がん研究センター　がん予防・検診研究センター

②食前に胃液を出して吸収力アップ！

胃液が十分に出ないと、体に必要な栄養素（ミネラル・ビタミン）を吸収できません。空腹とはミネラル不足のサインともいわれており、脳が誤作動して必要以上の量を食べて太ってしまうことに。例えば、チョコレートを食べたくなるのはマグネシウムの不足が原因だともいわれています。

そのため、胃液の分泌を促す食物（パセリ、パクチー、クレソン、梅干しなど）を食前にとって、栄養素をしっかり吸収できる状態をつくっておきましょう。どの食材も量はそれほど必要ではありません。パセリであればメインの付け合わせ程度、梅干しであれば1個程度で十分です。

私のお気に入りは、コンビニなどで気軽に手に入る干し梅。持ち運びができるので続けやすく、オススメです。

キレイへの近道！上質睡眠で美肌力をアップ

寝るまでに時間がかかる、夜中に目が覚めてしまう、朝起きたときにスッキリしない……など、睡眠に対して悩みを抱える方もいるかもしれません。質のよい睡眠がとれない大きな原因に、ストレスなどで自律神経のバランスが崩れているということがあります。上質な睡眠をとるためには、リラックスして副交感神経を優位にすることが重要です。

上質な睡眠がとれていると成長ホルモンが分泌され、免疫力や代謝を上げるための調整を行います。しかし、よい睡眠がとれない状態が続くと、肌荒れを起こしやすくなったり、痩せにくくなります。

リラックス効果があり、上質な睡眠をもたらしてくれるのが、体をゆるめて全身リラックスできる「ゆるゆら体操」と心の緊張をほぐしてくれる「4・7・8呼吸法」。

どちらも、布団の上でできる簡単なものです。寝る前に行って、毎日の眠りの質を変えていきましょう。

体をゆるめて、全身リラックス
ゆるゆら体操

仰向けになり、床と垂直になるよう両方の手足を上げる。そのままの状態で、両手足を20秒ほど、ぶるぶると小刻みに揺らす。

心の緊張をほぐし、ぐっすり眠れる
4・7・8呼吸法

仰向けに寝る。手のひらを上に向け腕は体から少し離す。足を広めに開いて力を抜く。目を閉じて大地に体を預けるようにして、頭の先からつま先までゆっくり力を抜いていく。

1 仰向けに寝た状態のまま、4つ数えながら鼻から息を吸う。
2 息を止めて7つ数える。
3 8つ数えながら口から息を吐く。
4 1 ～ 3を2回くりかえす。

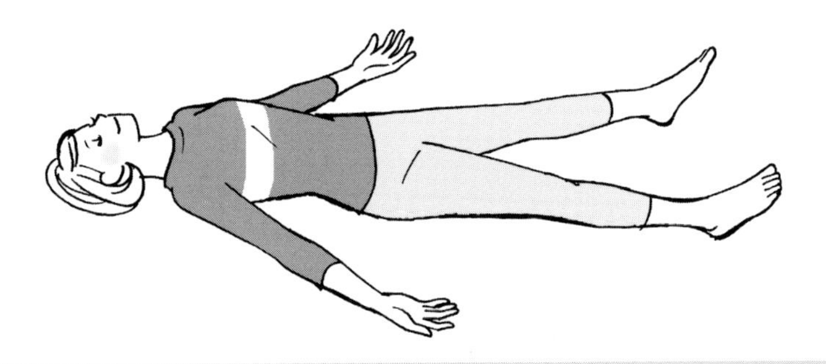

代謝を上げる「1温・2ぬる入浴法」で美容の大敵〝冷え〟を改善する

女性は、約7割もの人が「冷え」に悩んでいるといいます。体が冷えてしまうのは、体内で熱がつくれないことが大きな理由です。体の中で一番多く熱をつくってくれるのが筋肉なのですが、筋肉が少ないと生み出せる熱が少ないために、冷えを感じてしまうのです。男性に比べて、女性に冷え症が多いのもこのためです。

冷えは「美容の大敵」といわれますが、それはなぜなのでしょうか。

まず、体が冷えたままだと血流が悪くなり、汗や尿などがうまく排出されず、体に不要な水分が溜まってしまうために、むくみが起こりやすくなります。体重は平均値なのに「なぜか太って見える」という人は、冷えによるむくみが原因かもしれません。また、免疫力も代謝も下がってしまい、見た目年齢が上がることにもつながるのです。ひどくなると、疲労感が抜けなくなったり、不眠やイライラ、肩こり、食欲不振、目の下のクマなど、さまざまな症状が起こります。

冷えに悩む方にぜひ試していただきたいのが、ヒートショックプロテインを活用した「1温・2ぬる入浴法」。

ヒートショックプロテインとは、傷んだ細胞を修復する働きを持つタンパク質のことで、代謝を活発にして脂簡単なのに、効果バツグン！

1温・2ぬる入浴法

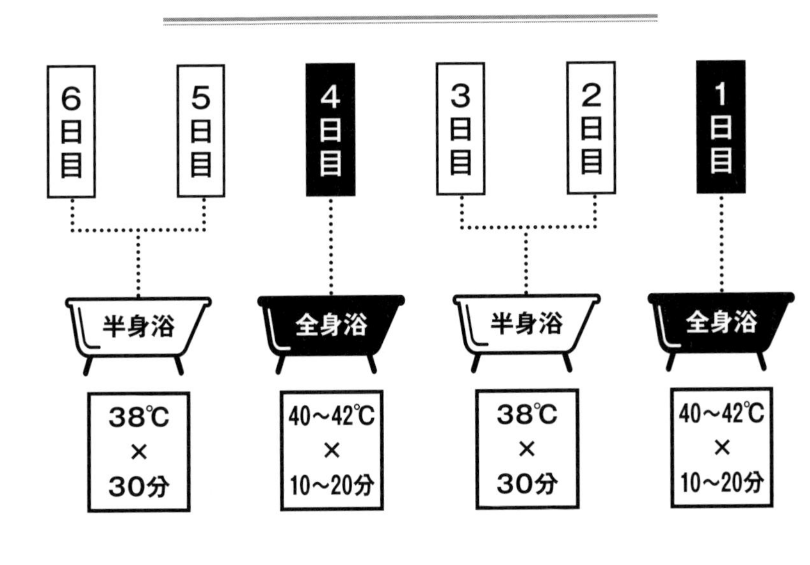

肪を燃やしたり、コラーゲンの減少を防ぐなど、美容にうれしい働きをしてくれます。体温を38℃前後まで上げることで増加するヒートショックプロテインを効果的に増やせる「1温・2ぬる入浴法」は、冷え症改善にも効果バツグンです！

この入浴法では、3日に1回、40～42℃の熱めのお湯に10～20分ほど入浴します。温度を上げすぎるのはNGです。体温が38℃前後になればヒートショックプロテインは増加し、その効果は2日ほど続くので、この入浴法は3日に1回行うだけでOK。3日のうちの2日間は、ぬるいお湯でゆっくりリラックスしながら半身浴をするのがオススメです。冷え症を改善しつつ、美容にも効く1温・2ぬる入浴法を、ぜひ試してみてください。

メイク崩れの原因となる「顔汗」を1分で止める裏ワザ

暑い夏の室外や、暖かすぎる部屋の中で困るのが「汗」です。特に顔の汗は、ハンカチが手放せなくなったり、メイクが崩れてしまったりと、他の部分の汗と違って隠せないので、恥ずかしい思いをすることも少なくありません。

そこで、ここでは「汗を顔まわりにかきにくくする2つのテクニック」を紹介します。短時間で簡単にできるので、ぜひ試してみてください。

①首の後ろを冷やす

メイクをしている間だけ、水に浸して冷蔵庫で冷やしたコットンやティッシュを首の後ろに貼っておくと太い血管が集中的に冷やされ、冷えた血液が体の中を巡って体温が下がり、汗も出にくくなります。首の後ろの太い血管が冷えれば、外に出たときもしばらくの間は全身の体温が下がったままの状態が続き、汗の過剰な分泌を防ぐことができるのです。もし、収れん化粧水を持っているようであれば、水の代わりに収れん化粧水を使用するのもオススメです。収れん化粧水に含まれているメントールには、長時間肌を冷やす効果があるため、水のときよりも長く体温を下げることができます。

②胸の上部を圧迫する

下のイラストのように、胸の上部を両手でグッと圧迫すると顔の汗を減らし、胸の下のほうに導くことができます。これは、体の一部分を圧迫すると、その周辺の汗が減って、代わりに反対側の汗が増える「半側発汗」という体の仕組みを利用したものです。

2つのテクニックを使って、過剰な顔汗を防ぎ、美しいメイクをキープしましょう!

胸の上部を圧迫して、過剰な顔汗を防ぐ!
半側発汗

胸の5cmくらい上を手で押さえ、刺激を加える。胸の上をギュッと押さえたまま、両端から中央へ手を移動させる。

「時短メイク・ケア」に役立つ

コスメの選び方

・・・

1分メイク

▶フェイスカラー

選ぶポイントは…

- チーク、ハイライト、シャドウのセットなら時短！
- 失敗知らずの大きめブラシ入り

（例）

イプサ
フェイスカラー
デザイニング
パレット

▶BBクリーム

選ぶポイントは…

- 肌色に合った色みで色浮きしない
- 厚塗り感はなく、色ムラはしっかり改善！

（例）

エテュセ
BBミネラルクリーム

▶アイブロウ

選ぶポイントは…

- ペンシルとパウダーが一緒になったタイプで時短
- 眉の毛流れを整えられるブラシつきがオススメ！

（例）

サナ　エクセル
パウダー＆ペンシル
アイブロウEX

▶眉マスカラ

選ぶポイントは…

- コンパクトブラシなら不器用さんでもキレイに仕上げられる
- 自分の髪より明るめのブラウンがオススメ！

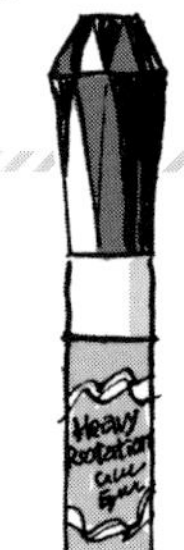

（例）

ヘビーローテーション
カラーリング
アイブロウN

1分スキンケア

▶美水液

選ぶポイントは…

- 美容成分が多く含まれている化粧水や透明の美容液
- べたつかず、しっとりもちもちした感触が得られるもの

（例）
コスメデコルテ
モイスチュア
リポソーム
（美容液）

（例）
ナリス
サイクルプラス
エンリッチ
ローション
（化粧水）

▶美油液

選ぶポイントは…

- 美容成分が多く含まれている乳液・クリームや白濁した美容液
- なまけマッサの効果を高めるすべりのよいタイプ

（例）
ソフィーナ
リフト
プロフェッショナル
ハリ美容液

（例）
ミノン
アミノモイスト
モイストチャージ
ミルク
（乳液）

1分メイク&1分スキンケア

50音別 キーワードINDEX

【著者紹介】

小西さやか

Sayaka Konishi

**美容家・コスメコンシェルジュ・
一般社団法人 日本化粧品検定協会
代表理事**

大学院卒業後、大手化粧品メーカーにて化粧品の研究・開発を行う。2011年、「化粧品に関する正しい知識や使用法を広めたい」との思いから独立し、日本化粧品検定を実施する一般社団法人日本化粧品検定協会を設立。協会経営と平行して、会社経営、大学非常勤講師、コンサルティング業務をこなす多忙な日々の中で、化粧品の効果を最大限活かす方法を模索し、ムダを省いた最短のお手入れ・メイクでキレイになる方法を考案。本書では、その方法を「1分メイク・1分スキンケア」として紹介している。科学的視点からコスメを評価する美容家として、テレビ、ラジオ、雑誌などでも活躍中。

（著書）
『日本化粧品検定1級対策テキスト コスメの教科書』（主婦の友社）
『日本化粧品検定2級・3級対策テキスト コスメの教科書』（主婦の友社）
『なまけ美容入門』（主婦の友社）
『レディの教科書』（宝島社）
『効果が9割変わる「化粧品」の使い方』（小社）

Blog:http://ameblo.jp/panntyann1/
Instagram:https://www.instagram.com/cosmeconcierge/

Staff

モデル	小西さやか（著者）
本文・カバーデザイン	寺尾友里
撮影	天日恵美子
ヘアメイク	広瀬あつこ
スタイリスト	神田彩
イラスト	池田須香子
ライター	宮田愛子・大場真代

コスメのプロが毎朝(まいあさ)、実践(じっせん)する
1分(ぷん)メイク&1分(ぷん)スキンケア

2016年11月10日　第1刷

著　者　小西(こにし)さやか

発行者　小澤源太郎

責任編集　株式会社プライム涌光
電話　編集部　03(3203)2850

発行所　株式会社青春出版社
東京都新宿区若松町12番1号〒162-0056
振替番号　00190-7-98602
電話　営業部　03(3207)1916

印刷　大日本印刷　　製本　フォーネット社

万一、落丁、乱丁がありました節は、お取りかえします。
ISBN978-4-413-11196-6 C2077

すっぴんも、メイク後もキレイな人の習慣

効果が9割変わる「化粧品」の使い方

使い方を少し変えるだけで、
いつものコスメで
「見違えるほど美人」になれる!

スキンケア、ベースメイク・UVケア、
ポイントメイク、ボディケア…
この1冊で、すべて押さえられる!

すっぴんも、メイク後もキレイな人の習慣
効果が9割変わる「化粧品」の使い方
コスメコンシェルジュ 小西さやか
シャルムクリニック院長 皮膚科専門医 櫻井直樹
10万種類の化粧品を試してたどり着いた決定版
・日焼け止め、顔は1度塗りでは足りません
・肌がキレイになる「手抜きクレンジング」とは
・美肌メイクが1秒でできるフェイスブラシの使い方
・洗顔直後のスキンケアで、肌の質が変わる!
いつものコスメで「見違えるほど美人」になる!
青春出版社

コスメコンシェルジュ® 小西さやか
シャルムクリニック院長 皮膚科専門医 櫻井直樹

1280円 ISBN978-4-413-03960-4